나를 꿈꾸게 하는, 클래식

달콤 쌉싸름한 내 삶의 모든 순간

나를 꿈꾸게 하는,
클래식

펴낸날 초판 1쇄 2015년 4월 7일

지은이 홍승찬

펴낸이 임호준
이사 홍헌표
편집장 김소중
책임 편집 김보람 | **편집 2팀** 장문정 김희현
디자인 왕윤경 김효숙 | **마케팅** 강진수 권소회 임한호
경영지원 나은혜 박석호 | **e-비즈** 표형원 이용직 김준홍 고연정 최서경

인쇄 ㈜웰컴피앤피

펴낸곳 북클라우드 | **발행처** ㈜헬스조선 | **출판등록** 제2-4324호 2006년 1월 12일
주소 서울특별시 중구 세종대로 21길 30 | **전화** (02) 724-7635 | **팩스** (02) 722-9339

ⓒ홍승찬, 2015

ISBN 979-11-85020-76-1   13670

• 이 도서의 국립중앙도서관 출판예정도서목록(CIP)은 서지정보유통지원시스템 홈페이지(http://seoji.nl.go.kr)와
  국가자료공동목록시스템(http://www.nl.go.kr/kolisnet)에서 이용하실 수 있습니다. (CIP제어번호 : CIP2015008813)

북클라우드 는 건강한 마음과 아름다운 삶을 생각하는 (주)헬스조선의 출판 브랜드입니다.

북클라우드

달콤 쌉싸름한 내 삶의 모든 순간

나를 꿈꾸게 하는, 클래식

홍승찬 지음

슬며시 곁에 내려
말없이 그냥 있고
싶습니다

어느 여름날 토요일 오후였습니다. 몸담고 있는 학교의 학생들과 함께 경상남도 어느 농촌의 마을회관으로 내려가 음악회를 열었습니다. 예술의 혜택을 제대로 누리기 어려운 곳을 직접 찾아가 그곳에 사는 분들께 좋은 공연을 보여드리자는 뜻이었습니다. 함께하는 학생들이 이런 경험을 통해 진정한 예술이란 무엇이며, 또 무엇이어야 하는지를 몸소 깨달았으면 좋겠다는 바람도 담겨 있었지요.

그런데 리허설을 마치고 공연을 막 시작하려는 순간, 전혀 예상치 못한 뜻밖의 일이 기다리고 있었습니다. 청중이라고는 일곱 명이 전부였고 그나마도 코흘리개 다섯에 할머니 두 분이었습니다. 사정을 알아보니 농번기라 휴일도 없이 모두 일하러 나갔고, 일손을 거들지 못하게 되자 어린 손주라도 돌보겠다며 집에 남으신 할머니 두 분이 마실 삼아 찾아오신 것이었습니다. 결과적으로 그쪽 형편을 헤아려 찾아간다는 것이 사정은 전혀 모른 채 헛발질을 한 셈이었지요. 덕분에 서른 명이 넘는 출연진에 일곱 명의 청중이라는 웃지 못할 상황이 벌어졌습니다.

의욕에 잔뜩 부풀었던 학생들은 맥이 빠져 공연을 못하겠다며 푸념하기 시작했습니다. 그런 학생들에게 공연의 성패는 청중의 수가 아니라 감동의 크기에 달린 것이니, 여기 있는 모든 사람에게 잊지 못할 추억을 남기고 가자고 조용히 말해주었지요. 그러고는 무대 옆에 의자 하나를 가져다 놓고 각 순서마다 어린이 관객 한 명씩을 차례로 불러 앉힌 뒤 이름을 물었습니다. 그들이 알려주는 이름을 부르며 지금부터 연주될 곡을 잘 듣고 기억하라고, 지금 이 순간만큼은 다른 누구도 아닌 오직 너만을 위해 연주되는 곡이라고 찬찬히 말해주었지요. 시간이 갈수록 일곱 명의 청중은 무엇인가에 머리를 맞은 것처럼 넋나간 표정이었고 공연이 끝난 후에도 쉽게 자리를 뜨지 못했습니다. 이들을 두고 떠나야 하는 학생들 역시 뭉클하고 뿌듯한 표정이었습니다.

이 책을 만들어 여러분 앞에 선보이는 마음이 이와 다르지 않습니다. 혹여 이 책을 손에 든 이가 단 한 사람밖에 없다 하더라도 괜찮습니다. 여기에 담긴 무수한 이야기들 가운데 단 한 편이나 한 줄, 아니면 낱말 하나만이라도 그의 마음에 남을 수 있다면 더 바랄 것이 없겠습니다. 이는 음악을 말하면서도 결국에는 사람을 말하고자 함입니다. 음악 또한 사람이 만들어 사람을 이롭게 하고자 사람에게 내어준 것이니 그 애틋한 마음을 헤아리자는 것이지요. 그 마음을 조금이나마 헤아린다면 음악을 좀 더 살갑게 느껴 너와 내가 이보다 더 가까워질 수 있다는 믿음이자 바람입니다.

제가 좋아하는 김사인 시인의 시 〈조용한 일〉을 들려드리고자 합니다. 이 책이 여러분에게 '철 이른 낙엽'이었으면 합니다. 슬며시 곁에 내려 말없이 그냥 있으면 좋겠습니다.

2015년 봄,
홍승찬

조용한 일

김사인

이도 저도 마땅치 않은 저녁

철이른 낙엽 하나 슬며시 곁에 내린다

그냥 있어볼 길밖에 없는 내 곁에

저도 말없이 그냥 있는다

고맙다

실은 이런 것이 고마운 일이다

CONTENTS

ALLEGRO GIOCOSO

빠르고 즐겁게

음악, 인간이 알고 있는 최고의 것
그리고 천국.

- 조셉 에디슨

과르네리와
스트라디바리

바이올린의 영원한 맞수

얼마 전 런던의 소더비 경매장에서 과르네리Guarneri 바이올린이 악기 경매 사상 최고의 낙찰가를 기록했다고 합니다. 주최 측이 정확한 액수를 밝히진 않았지만, 종전 최고 기록이 2006년 크리스티 경매장에서 354만 달러에 낙찰된 스트라디바리Stradivari 바이올린이었음을 감안하면 이보다는 훨씬 높은 가격이었을 것입니다. 지금까지 바이올린하면 당연히 스트라디바리가 최고라고 생각했던 많은 사람들이 이 소식을 접하고 의외라는 반응을 보이기도 했는데, 사실 오래전부터 스트라디바리와 과르네리는 우열을 가리기 힘든 라이벌이었습니다. 흔히들 화려하고 매끈한 음색의 스트라디바리를 여성적이라고 하고 거칠면서도 깊고 큰 소리를 가진 과르네리를 남성적이라고 하지만, 이런 단순한 비교만으로는 두 악기의 상반된 매력을 충분히 설명하지 못할 것입니다.

이제는 많이 알려져 다들 알듯이 바이올린이나 첼로와 같은 현악기에 붙여진 이름은 보통 그 악기를 만든 장인의 이름에서 가져온 것입니다. 스트라디바리는 17세기 말에서 18세기 중반까지 이탈리아의 크레모나에서 악기 제작자로 일했던 안토니오 스트라디바리Antonio Stradivari가 만든 현악기들을 일컫는 것이고, 과르네리 역시 비슷한 시기에 같은 장소에서 활동했던 주세페 과르네리Giuseppe Guarneri의 현악기들을 지칭하는 경우가 많습니다. 다만 홀로 우뚝 섰고 후계자가 없었던 스트라디바리와는 달리 과르네리의 경우 대대로 현악기를 제작했던 가문의 후손이었던 만큼, 과르네리라고 이름 붙여진 악기들 가운데는 주세페의 아버지나 일가 친척이 만든 악기들이 포함되기도 합니다. 그래서 주세페가 만든 악기는 별도로 '과르네리 델 제수Guarneri del Gesu'라는 이름으로 부릅니다.

이들 거장이 평생에 걸쳐 만든 악기들 대부분은 최고의 명기임에는 틀림없지만, 사람이 하는 일이니 악기마다 그 소리와 특징이 조금씩 다르고 그에 따라 가격도 다르게 매겨집니다. 보통은 명연주자들의 손을 거친 악기들이 보다 높은 가치를 인정받고 있는데, 현존하는 최고의 바이올린으로 꼽히는 과르네리 델 제수 '캐논Canon'은 바이올리니스트의 지존이라 할 수 있는 니콜로 파가니니Niccolò Paganini가 가장 아꼈던 악기입니다. 대포처럼 큰 소리를 가졌다고 해서 '캐논'이라는 별명이 붙은 이 악기는 파가니니의 유언에 따라 제노바 시청에 보관되어 있으며 매년 콜럼부스 축제가 열리는 10월 12일, 프레미오 파가니니 콩쿠르의 우승자만이 이 악기를 연주할 수 있다고 합니다.

대가들이 만든 명기들을 보면 캐논처럼 악기가 가진 특징이나 특별한 사연에 따라 별명을 붙이는 경우도 있지만, 대체로 그 악기를 소장했던 사람들 가운데 가장 대표적인 연주자의 이름을 별명으로 삼는 경우가 많으며 바로 그 이름값이 악기의 가치로 이어지는 경우가 많습니다. 이름난 연주자가 사용했던 악기의 가치를 높게 보는 것은 그들의 까다로운 귀를 거쳐 선택되었다는 이유도 있지만, 무엇보다 그들의 손을 거치면서 악기의 소리가 더욱 좋게 다듬어졌기 때문입니다. 바이올린을 비롯한 현악기들은 대체로 100년을 넘어야 제대로 된 소리를 갖게 된다고 합니다. 그것은 목재의 수분이 다 빠져나가 충분한 울림을 가지려면 그 정도 시간이 필요하며, 연주를 통해 악기를 길들이는 데도 많은 시간이 걸리기 때문입니다. 실제로 크레모나에 가면 스트라디바리 바이올린만 모아서 전시하는 박물관이 있습니다. 그런데 이곳에는 다른 박물관에는 없는 특별한 임무를 맡은 직원이 한 사람 상주하고 있습니다. 그 특별한 임무란 다름 아닌 박물관이 소장하고 있는 악기들을 날마다 꺼내어 차례대로 활로 켜는 일이라고 합니다.

지난 2007년, 강남역에서 어느 유명한 바이올리니스트가 마치 거리의 악사와 같은 수수한 차림으로 70억 원대의 스트라디바리를 연주해 큰 화제가 된 적이 있습니다. 그리고 2008년에는 리투아니아 출신의 바이올리니스트 줄리안 라클린Julian Rachlin이 80억 원이 넘는 과르네리 델 제수를 연주한다고 해서 세인들의 관심을 끌기도 했지요. 우리나라 바이올리니스트가 켰던 스트라디바리는 어느 악기상으로부터 대여한 것이었고, 라클린이 가져왔던 과르네리는 오스트리아 국립은행에서 빌려준 것이었다고 합니다.

경매 사상 최고가로 낙찰된 바이올린이 과르네리 델 제수라면, 현존하는 최고가의 바이올린은 무엇이고 그 가격은 얼마나 될까요? 가격으로 그 가치를 환산할 수는 없겠지만, 현존하는 최고의 바이올린은 앞서 소개했던 과르네리 델 제수 캐논이라고 보는 것이 타당할 듯싶습니다. 그러나 바이올린에만 국한시키지 않고 활로 켜는 현악기 전체로 범위를 넓혀 보면 이야기는 달라집니다. 첼로의 경우 과르네리나 스트라디바리보다 훨씬 앞서 살았던 안드레아 아마티Andrea Amati의 악기를 최고로 치는데, 그가 남긴 첼로들 가운데서는 1566년 프랑스의 샤를 4세를 위해 만든 악기가 현존하는 가장 오래된 첼로로 인정받고 있습니다. 우리나라 연주자가 소장한 악기 가운데는 아마도 바이올리니스트 정경화가 애용하는 과르네리 델 제수가 최고가 아닌가 싶습니다. 하지만 정말로 소중해서 가치를 매길 수 없는 것은 고가의 악기보다는 연주자들이 혼신을 다해 들려주는 음악 그 자체가 아닐까요.

〈지그프리트의 목가〉

사랑을 하면 누구나 시인이 된다고 합니다. 만약 사랑하는 사람에게 스스로 만든 곡으로 사랑의 감정을 고백할 수 있다면 얼마나 좋을까요? 또한 직접 작곡한 음악으로 사랑하는 사람의 뜻깊은 날을 축하할 수 있다면 이보다 더 멋진 일이 어디 있을까요? 반대로 그렇게 구애나 축하를 받는 입장이라면 그건 또 얼마나 뭉클한 감동이겠습니까? 우리가 즐겨 듣는 명곡들 가운데는 작곡자가 사랑을 고백하거나 사랑하는 사람에게 헌정한 음악이 적지 않습니다. 음악사에 이름을 남긴 많은 작곡가들이 자신의 곡으로 사랑하는 사람을 기쁘게 하였지만 아래의 경우만큼 뭉클한 감동을 선사하는 에피소드는 없을 것입니다.

1870년 크리스마스를 맞이한 이른 아침, 스위스 루체른 호숫가의 작은 마을 트립셴에 있는 어느 가정집에 악사들이 몰래 숨어들었습니다. 그 전날 근처 호텔에 묵으며 밤늦게까지 호흡을 맞춘 그들은 집주인의 지시에 따라 1층 부엌에서 조용히 조율을 마친 다음, 2층 침실로 올라가는 나선형 계단에 자리를 잡았습니다. 계단의 맨 위 층계서부터 제1바이올린 둘, 제2바이올린 둘, 비올라 둘, 플루트 하나, 오보에 하나, 클라리넷 둘, 바순 하나, 호른 둘, 첼로 하나, 콘트라베이스 하나, 이렇게 모두 열다섯 명이 조용히 자리를 잡았습니다. 잠시 후 안주인이 잠에서 깨는 일곱 시 반이 되자 이들은 집주인의 지휘에 맞추어 연주를 시작했습니다. 이들은 취리히의 오케스트라 단원들로 그 가운데는 지휘자인 한스 리히터Hans Richter도 있었지요. 리히터는 비올라를 연주했고 중간에 트럼펫을 불기도 했습니다.

악보에 적힌 대로 '조용하게 감동을 가지고' 연주되는 음악이 새벽안개처럼 피어올라 안주인의 귓가에 몽롱하게 젖어들 즈음, 집주인은 침실 문을 열고 침대로 천천히 다가갔습니다. 꿈결처럼 들리는 달콤한 음악 소리에 잠을 깬 안주인의 눈에는 다섯 명의 화동을 앞세운 남편이 어린 아들 지그프리트를 안고 서 있는 모습이 들어왔지요. 아직도 잠이 덜 깬 그녀의 손에 남편이 악보 뭉치를 쥐어주자, 그제서야 그녀는 이 아름다운 곡이 자신의 생일을 축하하기 위한 남편의 선물이라는 사실을 깨닫고 하염없이 눈물을 흘렸습니다. 평생 잊지 못할 연주가 끝나자 모두들 안주인의 생일을 축하하며 함께 아침을 들었고, 악사들은 이른 아침의 감동을 되살리고자 따로 준비한 다른 음악과 함께 집주인이 작곡한 이 음악을 두 번 더 연주했습니다.

자신이 만든 아름다운 곡으로 아내를 감동시킨 이 사람, 바로 작곡가 리하르트 바그너Wilhelm Richard Wagner입니다. 바그너가 아내 코지마의 서른세 번째 생일을 축하하기 위해 작곡한 이 곡의 처음 제목은 〈피디새의 노래, 오렌지빛 해오름과 함께 하는 트립셴의 목가, 리하르트 바그너가 그의 코지마에게 생일 축하 인사로 바친 관현악곡〉입니다. 사람들은 이 긴 제목을 줄여 '트립셴 목가'라고 불렀고 바그너의 가족들은 '계단의 음악'이라 불렀습니다. 악사들이 계단에서 연주했기에 이렇게 부른 것이지요. 바그너는 처음부터 이 곡만큼은 출판하지 않고 오직 코지마를 위한 곡으로 고이 간직하려고 마음먹었습니다. 그러나 현실이 그것을 용납하지 않았지요. 빚쟁이들의 끈질긴 독촉에 견디지 못한 바그너는 이 곡의 출판권을 넘겨야 했고, 출판업자들은 악보를 팔기 위해 소규모 실내악을 대편성 관현악곡으로 고치면서 곡의 제목도 〈지그프리트의 목가〉로 바꾸었습니다.

지그프리트는 바그너가 누구보다 좋아했던 전설 속의 영웅입니다. 그래서 아들에게도 그 이름을 붙였고 그가 가장 공들여 작곡했던 4부작 음악극 〈반지〉의 세 번째 악극 제목도 〈지그프리트〉입니다. 주인공 지그프리트는 몰락해가는 신들의 세계 '발할'을 구원할 마지막 희망이었지만 배신을 당해 죽음에 이르고 말지요. 〈지그프리트의 목가〉에는 악극 〈지그프리트〉에 나오는 주요 동기 선율을 구성하는 작은 단위의 연속된 음들이 차례로 등장합니다. 그 가운데 특히 3막에 나오는 '사랑과 평화의 동기'는 처음과 끝을 장식합니다. 여기에는 바그너 부부의 사랑과 결실이 마침내 그렇게 평화롭게 되기를 바라는 염원이 담긴 듯하면서도, 그 사이에 펼쳐지는 굴곡들은 순탄치 않았던 그들의 결합을 보여주는 것 같습니다. 또한 그 가운데 독일의 자장가를 넣은 것은 그들 사이에서 태어난 두 딸과 아들 지그프리트를 위한 기도가 아닌가 싶습니다.

코지마는 이름난 음악가인 프란츠 리스트Franz Liszt의 딸이었습니다. 그녀는 지휘자 한스 폰 뷜로Hans von Bülow와 결혼했지만 뷜로의 스승이자 벗이기도 한 바그너와 사랑에 빠져 딸까지 낳았고 그 때문에 뮌헨을 떠나 트립셴으로 오게 된 것입니다. 당시 바이에른의 제후인 루드비히 2세는 바그너의 작품을 광적으로 좋아하여 전폭적인 후원을 보냈지만 바그너에 대한 적대적인 여론과 신하들의 공격을 막지는 못했습니다. 그 사이 바그너의 부인 미나가 세상을 떠났고 코지마는 뷜로와의 결혼을 무효로 해달라는 신청서를 제출했습니다. 마침내 1870년 7월 18일에 그 신청이 받아들여졌고 한 달 뒤인 8월 25일, 두 사람은 루체른 중앙교회에서 결혼식을 올릴 수 있었습니다. 이처럼 어렵게 결혼한 뒤 처음 맞은 코지마의 생일이었기에 바그너는 그녀에게 아름다운 곡을 만들어 선물했던 것입니다. 그동안의 마음고생을 이렇게라도 위로하고 싶은 마음이 간절했을 테니까요.

1872년 4월, 바그너 부부는 그들의 삶에서 가장 힘든 시간을 함께하며 서로의 사랑을 더욱 굳건하게 만들었던 트립셴의 보금자리를 떠났습니다. 그리고 한참이 지난 1938년 8월 25일, 대지휘자 아르투로 토스카니니Arturo Toscanini는 트립셴의 바그너 저택에서 음악회를 열었는데, 이것이 오늘날 세계적인 음악제로 꼽히는 루체른 페스티벌의 시작이었습니다. 처음에 10회에 불과했던 연주회가 지금은 100여 회로 늘어났고 4주의 축제 기간 동안 약 12만 명이 찾아올 만큼 사랑받고 있습니다. 또한 지금은 루체른 문화컨벤션센터가 페스티벌의 중심으로 자리 잡았지만, 바그너의 저택은 바그너 기념관으로 변신해 지금까지도 그가 가족과 함께 살았던 당시의 모습 그대로 방문객들을 맞고 있습니다. 비록 그들은 가고 없지만 그들의 흔적은 고스란히 간직한 채 말이지요. 인생은 짧고 예술은 길다고 했습니다. 사랑 또한 세월 앞에는 덧없지만 그 자취는 오래도록 남는가 봅니다. 🎼

기차를 사랑한 음악가들 이야기

음악은 기적汽笛을 타고

봄은 설레는 마음에 어디론가 떠나고 싶은 계절입니다. 따스한 봄 햇살을 받으며 개나리와 벚꽃이 반기는 길가를 걷다 보면 여행을 꿈꾸게 되지요. 비행기나 배를 타고 바다 건너 멀리 떠나는 여행도 있고 자동차로 가까운 곳을 찬찬히 둘러보는 여행도 있겠지만, 낭만적인 여행이라면 아무래도 기차로 떠나는 여행을 가장 먼저 떠올리기 마련입니다. 이제는 거의 사라지고 없지만 스크린이나 책에서 만나는 증기 기관차의 새하얀 연기와 기적 소리는 언제든 우리를 낭만과 환상에 빠져들게 하지요.

사실 기차는 영화나 소설뿐만 아니라 음악에도 큰 흔적을 남겼습니다. 체코의 작곡가 안토닌 드보르자크Antonín Dvorák는 기차를 너무 좋아한 나머지 프라하 역 근처에 집을 구한 뒤 수시로 역으로 나가 기차를 관찰했지요. 심지어는 작곡에 몰두하다가도 기차 소리만 들리면 뛰어나갔다고 합니다. 수업 중에도 학생을 시켜 역으로 드나드는 기차를 확인하게 했는데 기적 소리만으로도 기관차의 종류와 고유번호까지 식별할 정도였다고 하니, 가히 그 관심과 애정이 어느 정도였는지 짐작이 갑니다.

  드보르자크가 그토록 원했던 프라하 음악원의 교수 자리를 박차고 미국으로 건너간 것도, 신대륙의 지도를 바꾸어놓을 만큼 하루가 다르게 발전하고 있던 미국 철도산업의 현장을 자신의 눈으로 직접 목격하려는 마음이 무엇보다 앞섰기 때문이라고 합니다. 실제로 그는 미국에 있는 동안 시간이 날 때마다 기차를 타고 뉴욕 이외의 지역으로 여행을 다녔으며, 그의 대표작인 교향곡 〈신세계로부터〉에 그 흔적을 고스란히 남겼습니다. 1악장에서 느린 서주가 끝나면 음악이 점점 빨라지면서 마치 기관차가 역에서 출발하는 모습을 연상하게 되는데 그에게 있어 이 교향곡은 기차를 타고 신대륙으로 떠나는 여행이 아니었나 싶습니다.

  기차를 좋아하는 마음을 음악으로 남긴 작곡가라면 프랑스 작곡가 아르튀르 오네게르Arthur Honegger도 빠지지 않습니다. 20세기 초 에릭 사티Erik Satie의 영향을 받은 여섯 명의 젊은 프랑스 작곡가들은 사람들에게서 멀어져 가는 현대음악의 흐름을 돌려놓고자 의기투합했는데 이들이 바로 '프랑스 6인조'입니다. 홍일점인 제르맨 타유페르Germaine Tailleferre를 비롯하여 다리우스 미요Darius Milhaud와 프랑시스 풀랑Francis Poulenc, 루이 뒤레Loius Durey, 조르주 오리크Georges Auric 그리고 오네게르가 그 멤버들로, 이들은 길거나 복잡하지 않은 음악 안에 친근하고 일상적인 것들을 담아내려고 시도했지요. 이중 누구보다 기차를 좋아했던 오네게르는 당시 파리와 리옹 사이를 오갔던 특급열차의 이름과 모습을 그대로 음악에 옮겨놓았는데 이것이 바로 〈기관차 퍼시픽 231〉이라는 곡입니다. 당시로서는 획기적이라고 할 수 있는 120km의 빠른 속도로 질주했던 이 열차는 당연히 기차 마니아인 오네게르의 마음을 사로잡았고, 그는 그 늠름하고 날쌘 모습을 음악을 통해 묘사하고자 했던 것입니다. 오네게르는 기차를 향한 그의 열정과 이 곡을 작곡하게 된 의도를 다음과 같이 말했습니다.

> "나는 늘 기관차를 뜨겁게 사랑하였다. 나에게 기관차는 살아있는 것이나 다름없으며 다른 이들이 여자나 말을 사랑하듯 그렇게 나는 기관차를 사랑하였다. 이 곡에서 내가 그리고자 했던 것은 단지 기관차의 소리만이 아니다. 그것은 눈으로 들어오는 인상과 몸으로 느끼는 희열을 음악적으로 꾸미고 옮기려고 의도한 것이다."

곡의 제목이자 열차의 이름인 '퍼시픽 231'에서 231은 기관차 바퀴의 배열을 나타낸 것으로 맨 앞의 작은 바퀴 두 쌍과 이어지는 큰 바퀴 세 쌍 그리고 뒷부분의 작은 바퀴 한 쌍을 숫자로 표시한 것입니다. 그는 기적을 울리며 출발을 준비하는 기관차의 모습부터 시작해, 서서히 움직이다가 거침없이 질주하고 마침내 종착역에 이르러 멈추는 여정을 6분여의 짧은 이 곡에 생생하게 담아냈습니다.

하지만 음악사에서 기차와 얽힌 사연들이 늘 이렇게 신나고 유쾌한 것만은 아닙니다. 낭만주의 시대를 대표하는 독일의 작곡가이자 스승인 로베르트 슈만Robert Schumann의 부인인 클라라와의 이루어질 수 없는 사랑으로 잘 알려진 요하네스 브람스Johannes Brahms. 그의 삶의 여정은 마지막 기차를 놓치면서 서서히 꺼져 들어갔습니다. 멀리서 보살피고 돌보면서도 차마 가까이 갈 수 없었던 클라라가 끝내 세상을 떠났다는 소식은 홀로 병마와 싸우던 브람스에게는 엄청난 충격이었을 것입니다. 평생 동안 마음속으로만 사랑했던 여인의 마지막 모습이라도 보고 싶었던 그는 억지로라도 몸을 추슬러 야간열차를 타고 프랑크푸르트로 가려는 무모한 시도를 감행했으나, 안타깝게도 역에 도착했을 때 열차는 이미 떠나고 없었습니다. 차가운 밤공기에 몸은 몸대로 상하고 마음까지 무너져버린 브람스는 더 이상 일어날 수 없는 지경에 이르렀고, 결국 이듬해 클라라의 뒤를 따르게 됩니다.

이 봄, 여러분은 무엇을 꿈꾸고 계십니까? 그리운 이에게 무작정 달려가고 싶으신가요? 아니면 삶을 흔들어 놓을 만한 다른 무엇인가를 마음에 품고 계시나요? 기차가 아니고 여행이 아니더라도 우리에게는 먹고 사는 것을 넘어 마음을 송두리째 흔들어 놓을 만큼 소중한 것이 있어야 합니다. 그래야 따분하고 무기력할 때, 혹은 견딜 수 없이 힘들고 지칠 때 그 존재만으로도 위로를 받고 힘을 얻을 수 있으니 말입니다. 바쁘고 지친 삶 속에서 그 어느 때보다 여행을 갈망하고 계신가요? 그렇다면 힘차게 달리는 기차 그리고 아름다운 음악과 더불어 떠나는 여행을 권하고 싶습니다. 🎼

무대에서도 인생에서도 필요한 단 하나

피할 수 없으면 즐겨라

국방의 의무를 마친 대한민국 남성이라면 누구나가 겪는 일이 하나 있습니다. 그것은 바로 제대한 지 아무리 오랜 세월이 지났어도 군대와 관련된 꿈을 꾸게 된다는 것입니다. 분명히 사회에 나왔는데도 군대에 남아 고초를 겪고 있다거나, 아니면 착오로 다시 영장을 받고 입대해야 하는 상황에 처하는 꿈이 대표적인 경우입니다. 그런 꿈을 꾸고 나면 어찌나 식은땀이 흐르는지 모릅니다.

그런데 이와 비슷한 상황이 클래식에도 있습니다. 바로 전문 연주자들 대부분이 연주회와 관련된 이런저런 악몽에 시달린다는 사실입니다. 그들이 주로 꾸는 꿈에 대해 들어보면 무대에 나서려는데 악기가 없어져 찾을 수 없다거나, 무대에 서서 연주를 하려는데 갑자기 음표를 읽을 수 없어 당황한다는 내용입니다. 연주 도중에 악보가 기억나지 않거나 실수를 하여 망신을 당한다는 꿈도 있지요. 성악가들의 경우에는 가사를 잊어버리거나 고음이 나지 않아 공연을 망치는 꿈을 꾸기도 합니다.

사실 우리 눈에 비치는 그들의 모습은 그저 당당하고 화려해 보일지 모릅니다. 하지만 무대에 선 자신의 손짓 하나 숨소리 하나에도 사람들의 이목이 집중되는 상황에서 그 어려운 곡들을 실수 없이 소화해야 하는 음악가들이 느끼는 긴장과 부담은 짐작도 할 수 없을 것입니다. 이것은 세계적인 대가들도 마찬가지입니다. 기도를 해야만 무대에 설 수 있어 대기실에 반드시 십자가가 있어야 하는 경우도 드물지 않습니다. 라틴 계통의 나라에서 온 성악가들은 십자가 성호를 연신 그으면서 안절부절하는 모습을 보이기도 하고, 무대에 나설 때면 반드시 사연이 있는 물건을 몸에 지녀야 한다는 이들도 있지요. 최악의 경우는 술과 약물에 의존하는 것입니다. 당연히 그 때문에 음악가로서의 경력은 물론 수명까지 단축되는 경우도 없지 않습니다. 실제로 예전에 우리나라를 찾은 어느 대가는 대기실에서 술에 취해 결국 예정된 공연에 나서지 못하는 불상사가 있기도 했습니다.

완벽주의에 가까울수록 그 부담과 긴장은 크기 마련입니다. 실제로 누구보다 완벽을 추구했던 지휘자 카를로스 클라이버Carlos Kleiber는 공연 직전에 구토를 하기도 했고 노이로제에 걸린 끝에 심지어는 연주를 취소한 적도 있었습니다. 대부분의 음악가들은 무대에 나서기 전까지는 극도의 긴장감에 시달리다가도 일단 무대에 나서면 마음이 가라앉는다고 하는데, 끝내 그 강박감을 이기지 못해 손발이 떨리고 몸이 말을 듣지 않는 지경에 이르는 경우도 있습니다. 그야말로 무대 공포증인 셈이지요. 그래서 음악가들 중에는 뒤늦게 이를 발견했지만 음악을 포기하지 못해 갈

등하고 좌절하는 안타까운 사연도 종종 있습니다. 혼자 연습을 하거나 선생님께 지도를 받을 때는 다른 누구보다 뛰어난 기량을 발휘하지만 여러 사람 앞에서 시험을 보거나 무대에만 오르면 긴장하고 당황해서 실수를 연발하게 되니, 당사자의 마음이 얼마나 속상할지 그저 애처로울 따름입니다.

그런데 더러 예외인 연주자들이 있습니다. 무대에 나서기 전에도 침착하고 담담할 뿐만 아니라 무대에 오르면 오히려 사람들의 시선을 즐기는 듯 당당하고 느긋하기까지 하니 지켜보는 사람은 그저 놀랄 뿐이지요. 가장 대표적인 인물을 꼽으라면 피아니스트 김대진입니다. 꽤 오래전의 일이지만 갓 대학교에 입학한 나이에 세종문화회관에서 루트비히 반 베토벤Ludwig van Beethoven의 피아노 협주곡 〈황제〉를 협연하던 모습을 지금도 기억합니다. 가냘픈 체구였음에도 커다란 피아노와 오케스트라는 물론 객석을 가득 메운 청중들까지 휘어잡으며 거침없는 연주를 들려주었지요. 세월이 한참 흐른 후 그를 만났을 때도 지금까지 공연장에서 들어본 〈황제〉 가운데 그날 연주가 최고였노라 말을 건넸습니다.

세월이 흐른 지금까지도 무대에 오른 그의 모습은 한결같습니다. 살짝 미소를 머금은 얼굴로 천천히 걸어 나와 객석의 구석구석을 차례로 응시하며 인사한 다음, 잠시 집중의 시간을 가진 뒤에 연주에 들어가는 것부터 참 느긋합니다. 연주 또한 또박또박 한 치의 흐트러짐이 없을뿐

더러 끝난 후에도 표정이나 동작 모두 조금도 서두르거나 지체하는 법이 없습니다. 연주가 끝난 뒤에는 마치 미리 준비한 각본에 따라 움직이는 것처럼 무대에 들어설 때와 반대의 순서로 청중에게 인사하고 천천히 걸어 나갑니다.

언젠가 연주 직전의 그를 대기실에서 만나 그처럼 긴장하지 않는 연주자는 본 적이 없다는 말을 건넸더니, 자기라고 다를 리가 있겠냐며 조금만 기다리면 보여주겠다고 했습니다. 그리고 얼마 지나지 않아 다짜고짜 제 손을 덥석 잡았는데 그의 손이 얼음처럼 차가워 소스라치게 놀랐습니다. 그의 말인즉 마치 시계를 보고 재는 듯이 연주 시작 30분 전이면 어김없이 손이 차가워졌다가 공연이 끝나면 또 언제 그랬냐는 듯이 원래대로 돌아오는데 지금까지 단 한 번도 예외가 없었다는 것입니다. 천하제일의 강심장처럼 보였던 그도 알고 보면 무대로 천천히 걸어 나가며 긴장을 가라앉혔고, 객석의 구석구석을 바라보며 마음을 가다듬었던 것이지요.

이처럼 심장이 터질 듯한 긴장감 외에도 무대에 서는 누구라도 피할 수 없는 가혹한 숙명이 또 하나 있습니다. 그것은 그 어떤 음악가도 자신의 공연에 대해 만족하지 못한다는 것입니다. 그래서 공연이 끝나면 대부분의 음악가들은 자책하며 밤잠을 이루지 못하거나 가까운 사람들과 술잔을 기울이며 위로받고 싶어 합니다. 그리고 취기가 오르면 다시는 무대에 서지 않겠다거나 죽고 싶다는 말을 입에 담기도 하지요. 그런데 현실로 돌아오면 그들은 어김없이 무대를 갈망하며 다시는 무대에 오르지 못할까봐 전전긍긍합니다. 그 모습을 볼 때마다 건네는 말이 있습니다. '신께서 주신 음악과 예술의 재능은 축복인 동시에 저주'라는 말이지요. 그저 감사하며 주어진 운명을 감당할 밖에는 도리가 없다는 뜻입니다.

빛이 밝으면 그만큼 그림자도 짙게 드리우는 법입니다. 긴장이 크면 그 순간을 넘긴 안도감도 클 수밖에 없습니다. 그렇게 긴장과 안도의 순간을 되풀이하면서 점점 그 과정을 즐기게 되는 것이지요. 음악가들이 그렇게 힘들어하면서도 그런 삶을 내려놓지 않는 것, 끊임없이 무대를 갈망하는 것 또한 이 과정을 즐기기 때문이 아닐까 합니다. 그러고 보니 어디 음악인들만 그렇겠습니까? 우리네 삶도 마찬가지겠지요. 우리 또한 누구나 긴장의 연속인 인생이라는 무대를 살아가고 있지 않습니까. 긴장을 극복하는 방법은 단 하나입니다. 무대에 올라가는 것을 피하지 않으며, 일단 무대에 올랐으면 누구보다 그 순간을 즐기는 것입니다. ♪

때로는 바보의 노래가 더욱 아름답다

세상에서 가장 쉬운
오페라 아리아

사람들이 모인 자리에서 오페라 아리아 한 곡 제대로 뽑을 수 있다면 얼마나 좋을까요? 참석자들의 시선을 한 몸에 받으며 모임의 주인공이 되는 것은 시간문제겠지요. 게다가 그 노래가 지루하거나 축 처지는 곡이 아니라 밝고 가벼운 데다가 웃음까지 줄 수 있다면 이보다 더 좋을 수는 없을 겁니다. 하지만 오페라 아리아는 소리 내는 방법부터 따로 배워야 하는데다 뜻도 모르고 발음도 어려운 외국어 가사를 읊어야 하니 보통 사람으로서는 쉽사리 덤벼들 수 없는 것이 사실입니다. 그런데 음치만 아니라면 누구나 따라 부를 수 있는 오페라 아리아가 있습니다. 말하자면 세상에서 가장 쉬운 오페라 아리아인 셈입니다. 그 곡은 다름 아닌 가에타노 도니체티Gaetano Donizetti의 오페라 〈사랑의 묘약〉에서 주인공 네모리노가 술에 취해 콧노래로 흥얼거리는 짧은 가락입니다.

농장에서 일하는 네모리노는 농장 주인인 아디나를 사랑하지만 수줍어서 차마 고백하지 못합니다. 아디나 역시 네모리노가 싫지 않지만 용감하게 다가서지 못하는 그가 답답하기만 할 따름이지요. 그러던 어느 날 마을에 군인들이 주둔하게 되고 그들의 지휘관인 벨코레가 아디나에게 구애하자, 그제야 다급해진 네모리노 또한 그녀에게 사랑을 고백하지만 아디나의 반응은 시큰둥합니다. 그때 떠돌이 약장수 둘카마라가 마을에 들어와 사람들을 모아놓고 가짜 약을 만병통치약이라고 속여 팝니다. 그러자 네모리노는 혹시 상대가 나를 사랑하게 되는 사랑의 묘약은 없는지를 묻지요. 둘카마라는 싸구려 포도주를 사랑의 묘약이라고 건네며 하루가 지나야 그 약효가 나타난다고 네모리노를 속입니다. 도망갈 시간을 벌기 위한 속셈이었던 것입니다. 한편 싸구려 포도주를 잔뜩 마시고 기분이 좋아진 네모리노는 신이 나서 콧노래를 부르며 아디나에게 "내일이면 모든 것이 달라질 것"이라고 큰소리를 칩니다. 바로 이때 세상을 다 얻은 듯 흥겹게 부르는 콧노래가 여러분에게 소개할 세상에서 가장 쉬운 오페라 아리아입니다. 물론 가사도 없이 흥얼거리는 콧노래를 엄연한 아리아라고 우길 수는 없겠지만, 그렇다고 굳이 아니라고 잡아뗄 이유도 없으니까요.

다시 오페라의 줄거리로 돌아와서, 이런 네모리노를 어이없어하며 바라보는 아디나 앞에 벨코레가 나타납니다. 갑자기 주둔지를 옮기라는 명령을 받았다며 황급히 청혼을 하지요. 아디나는 우쭐대는 네모리노를 골려 주려는 생각으로 승낙합니다. 예상치 못했던 상황에 다급해진 네모리노는 아디나에게 결혼 날짜를 하루만 늦춰달라고 애원하지만 소용이 없습니다. 마을에서는 아디나와 벨코레의 결혼을 축하하는 잔치가 벌어지고, 약장수 둘카마라에게 달려간 네모리노는 당장 약효가 나타나는 약을 달라고 하지만 이미 가진 돈을 먼젓번 약을 사는 데 다 써버린 처지입니다. 이런 상황을 눈치챈 벨코레는 귀찮은 연적을 치워버릴 생각으로 네모리노에게 군대에 들어오면 당장 돈을 주겠다며 계약서를 내밀지요. 달리 방법이 없는 네모리노는 입대 지원서를 쓰고 받은 돈으로 당장 효과가 있다는 가짜 약을 사서 단숨에 들이킵니다. 그런데 그 마을의 자네타라는 아가씨는 네모리노가 거액의 유산을 상속받게 되었다는 소문을 듣고 다른 여자들에게 그 말을 퍼뜨립니다. 그러자 마을의 아가씨들이 너도나도 네모리노에게 달려들어 아양을 떨기 시작하는데, 그 까닭을 모르는 네모리노는 드디어 약효가 나타난 것으로 생각하고 매우 기뻐합니다.

멀리서 이를 지켜보며 수상하게 생각하던 아디나는 약장수 둘카마라를 졸라 그동안의 사정을 듣고는 네모리노의 순수한 사랑에 마음이 움직이게 됩니다. 이때 그녀가 감동해 눈물을 흘리는 모습을 보고 네모리노가 부르는 노래가 있는데, 바로 그 유명한 아리아 〈남몰래 흘리는 눈물〉이지요.

"이제 아디나도 날 사랑하는 게 분명해. 저 눈물을 보면 알 수 있어. 그녀의 뛰는 가슴을 한 순간이라도 느껴볼 수만 있다면, 내 한숨을 그 숨결에 섞을 수만 있다면! 그때는 죽어도 좋아. 더는 바랄 게 없어."

벨코레에게 돈을 돌려주고 입대 지원서를 되찾아 온 아디나는 네모리노에게 그 계약서를 돌려줍니다. 두 사람은 서로의 사랑을 확인하고, 떠돌이 약장수 둘카마라는 마을 사람들의 감사와 환호 속에 유유히 길을 떠난다는 것이 결말입니다.

〈남몰래 흘리는 눈물〉은 마침내 사랑의 꿈이 이루어지는 순간의 벅찬 감격을 담은 노래지만, 바로 전까지의 들뜨고 소란스러운 분위기와는 전혀 어울리지 않게 갑자기 바순의 낮게 가라앉은 선율이 구슬프게 펼쳐집니다. 그러니 분위기가 급작스럽게 바뀔 수밖에 없지요. 이 오페라의 대본을 쓴 펠리체 로마니Flice Romani는 "이 장면에 이 아리아가 들어가면 극의 흥이 갑자기 깨진다"라며 작곡가인 도니체티를 말렸지만 도니체티는 끝내 고집을 꺾지 않았습니다. 로마니의 우려대로 1832년 밀라노 카노비아나 극장에서 이 작품이 초연되었을 때 관객들은 이 아리아에 아무런 반응도 없었다고 합니다. 한마디로 '생뚱맞다'는 것이 증명된 셈이었지요. 그러나 이후 공연이 거듭될수록 관객들은 오페라의 전체 분위기와는 상관없이 아리아의 아름다운 선율과 구슬픈 흐느낌에 점점 마음을 빼앗겼고, 마침내 이 곡은 오페라 전체를 대표하는 주제가일 뿐만 아니라

Allegretto
ADINA
NEMORINO
(Non
Lal la ral la ra la la la la la lal la ral la ra la lal la ral la ra la lal la ral la
so se è finta o ve ra la sua gio con di tà.)
ra la la la la la la lala la la la lal la ral la la lal la ral la la la lal la ral la
la la lal la ral la la la lal la ral la la. (Fi no ra amor non sen te.) Lal la ral la la la la la
la la lal la ral la ra la lal la ral la la la lal la ral la la la lal la ral la la la.

네모리노의 콧노래

테너가 부르는 아리아의 대명사로 자리매김하게 되었습니다.

　그런데 생각하면 할수록 세상 물정 모르고 순진하기만 한 네모리노에게는 애절한 〈남몰래 흘리는 눈물〉보다 유쾌한 콧노래가 잘 어울리는 것 같습니다. 그 콧노래야말로 오페라의 역사를 통틀어 누구보다 멍청하고 어리석은 주인공에게 딱 어울리는 주제가라는 생각이 듭니다. 이렇듯 우리가 좋아하는 이야기에는 늘 남에게 속고 빼앗기면서 아픈 줄도 모르고 좋다고 웃는 바보들이 나오기 마련입니다. 현실에서는 언제나 똑똑하고 영악한 인간들이 득세할지라도 예술이 꿈꾸는 세상에서만큼은 그렇지 않기를 바라는 마음인 것이지요. 이를 통해 거칠고 힘든 현실에서 다치고 무너진 마음을 어루만지고 내일을 살아갈 힘을 얻는 것입니다. 엉터리 약장수에게 속아서 산 가짜 약을 진짜라고 굳게 믿고 좋아서 어쩔 줄 모르는 바보의 콧노래를 함께 흥얼거리며 그 순수한 마음을 진정으로 헤아렸으면 합니다.

지휘자는 무엇으로 마음을 움직이는가

줄리니, 하이팅크 그리고 바렌보임

2014년 일본 프로야구의 최후의 승자를 가리는 일본시리즈에서 패권은 퍼시픽리그의 소프트뱅크 호크스에게 돌아갔습니다. 그런데 최고의 자리에 오르자마자 소프트뱅크 호크스의 감독인 아키야마 고지 감독이 사임한다는 소식이 들려와 사람들을 놀라게 했습니다. 더구나 그 까닭이 투병 중인 아내의 병간호 때문이라는 사실이 널리 알려지면서 일본 열도는 물론 지구촌 곳곳에 잔잔한 감동을 남겼지요. 선수들이 전하는 바로는 일본시리즈를 앞둔 선수단 회식 자리에서도 그는 조금도 힘들어하거나 흔들리는 내색이 없었고, "승패의 책임은 내가 질 테니 여러분은 스스로 어필하는 무대가 되길 바란다"라는 말로 오히려 선수들을 격려했다고 합니다.

이 소식을 들으니 문득 30년 전에 있었던 비슷한 일이 떠오르면서 리더의 남다른 마음가짐에 대해 다시 한 번 생각하게 됩니다. 1984년, LA 필하모닉의 음악감독이었던 이탈리아 지휘자 카를로 마리아 줄리니 Carlo Maria Giulini 역시 아키야마 고지와 같은 이유를 들어 전격적으로 사임을 발표했습니다. 뇌출혈로 쓰러진 아내를 돌봐야 하기에 더 이상 음악

감독직을 수행할 수 없다는 것이었습니다. 당시 그는 단원들에게 "지금까지는 아내가 나를 돌봐주었습니다. 이제는 내가 아내를 돌봐야 할 때가 되었습니다. 그동안 고마웠습니다"라고 말했다고 합니다. 지휘자로서 이제 막 정상에 올라 전성기를 구가할 수 있는 시기였기에 파격적인 결정이었지만, 더 놀라운 것은 그로부터 11년이 지난 1995년에 부인이 세상을 떠날 때까지 그가 오로지 간병에 전념했다는 사실이었습니다.

줄리니가 LA 필하모닉 감독으로 재직할 당시 그가 부지휘자로 발탁하며 길을 열어준 이가 바로 정명훈이었는데, 이후로도 그가 세상을 떠나기까지 정명훈은 중요한 순간마다 그를 찾아 의견을 구했다고 하지요. 줄리니로 인해 빛을 본 지휘자로는 베르나르트 하이팅크Bernard Haitink도 빼놓을 수 없습니다. 1956년, 줄리니는 네덜란드의 암스테르담 콘세르트허바우 오케스트라와 루이지 케루비니Luigi Cherubini의 〈레퀴엠〉을 공연하기로 되어 있었습니다. 그런데 줄리니가 갑작스럽게 병을 얻어 지휘를 할 수 없게 되자 하이팅크가 그를 대신해 지휘대에 올랐습니다. 공연을 성공적으로 이끈 덕분에 하이팅크는 그 다음해에 네덜란드 방송 오케스트라의 상임 지휘자가 되었고, 1961년에는 마침내 암스테르담 콘세르트허바우 오케스트라의 상임 지휘자로 발탁될 수 있었습니다.

하이팅크가 상임 지휘자로 재직하는 동안 암스테르담 콘세르트허바우 오케스트라는 여러 가지 어려움 속에서도 흔들리지 않는 성장을 거듭하며 세계 최고의 관현악단 중 하나로 발돋움했습니다. 1988년에는 네덜란드 여왕으로부터 '로열'의 칭호를 받아 그 이름이 로열 콘세르트허바우 오케스트라로 바뀌었으며, 2008년에는 세계적인 음악 잡지 《그라모폰》이 저명한 음악평론가들의 투표로 선정한 '세계 최고 교향악단 TOP 20'에서 베를린 필하모닉과 빈 필하모닉을 제치고 당당히 1위를 차지하였지요. 하이팅크는 로열 콘세르트허바우 오케스트라의 오늘이 있기까지 음악적으로 기여했을 뿐만 아니라, 단원들을 존중하고 그들에 대한 책임을 다한 지휘자였습니다. 한때 오케스트라가 재정적인 어려움을 겪으면서 단원들의 수를 줄여 이를 극복하려 하자, 하이팅크는 그들보다 훨씬 많은 보수를 받는 자신부터 먼저 해고하라며 단호하게 맞서 단원들을 지켜낼 만큼 사람을 아끼는 리더였지요.

1989년, 무려 34년간 베를린 필하모닉을 이끌었던 헤르베르트 폰 카라얀Herbert von Karajan이 세상을 떠나자 그 뒤를 이어 누가 베를린 필하모닉에 입성하게 될지를 두고 수많은 지휘자들이 거론되었습니다. 난다 긴다 하는 지휘자들의 이름이 다 오르내린 끝에 결국 클라우디오 아바도 Claudio Abbado가 선택되었지만, 베를린 필하모닉 단원들이 뜻을 모아 영입하려 했던 지휘자는 다름 아닌 하이팅크였다고 합니다. 그런데 놀라운 것은 하이팅크 스스로가 지휘자라면 누구도 뿌리치지 못할 이 달콤한 제안을 정중하게 거절했다는 사실입니다. 자신은 이미 나이가 너무 많으니 더 젊고 의욕적인 지휘자를 선택하는 것이 좋겠다는 조언까지 덧붙였다고 합니다. 이 내용은 공식적으로 세상에 알려진 것은 아니지만, 당시 그 과정에 참여했던 베를린 필하모닉 단원에게 직접 들은 것이고 그 자리에 다른 단원들도 함께 있었으니 아마도 틀림없는 사실일 것입니다. 당연히 하이팅크의 지휘 능력에 대한 믿음이 있어서 그렇게 뜻을 모았겠지만, 다른 무엇보다도 모두가 신뢰하여 의지할 만한 인품이 그들의 마음을 움직였으리라 짐작할 수 있습니다.

이제 얼마 후면 베를린 필하모닉은 지금의 상임 지휘자인 사이먼 래틀Simon Rattle을 보내고 새로운 리더를 맞이해야 합니다. 몇몇 단원들의 말에 따르면 래틀은 단원들 간의 소통을 위해 많은 노력을 기울여왔다고 합니다. 언제나 방문을 열어두어 누구든 미리 약속하지 않아도 그와 대화를 할 수 있다고 하지요. 개인적으로는 새로운 상임 지휘자로 거론되는 인물 가운데 다니엘 바렌보임Daniel Barenboim에게 마음이 기웁니다. 아르헨티나에서 태어나 이스라엘에서 자란 그는 중동전쟁이 한창일 때도 포화 속에서의 공연을 마다하지 않았을 만큼 조국을 사랑하는 사람입니다.

그러나 옳다고 믿는 신념을 위해서라면 조국에 맞서는 일도 주저하지 않았지요. 유태인을 학살했던 히틀러가 그 누구보다 좋아했던 까닭으로 이스라엘에서는 연주가 금지되었던 바그너의 음악을, 온갖 반대와 협박에도 굴하지 않고 처음으로 이스라엘에서 연주한 사람 역시 바렌보임이었습니다. 또한 이스라엘이 팔레스타인 사람들에게 부당한 박해를 가하자 그에 대한 저항으로 팔레스타인 국적을 취득하기까지 했지요. 지금은 두 나라뿐만 아니라 중동 모든 나라의 화해와 평화를 위해, 더 나아가 세계의 평화를 염원하는 마음으로 이스라엘과 팔레스타인 그리고 중동 여러 나라의 청소년들로 구성된 서동시집 오케스트라를 만들어 이끌어 가고 있습니다.

한편 아키야마 고지 감독의 사임 소식에 이어서 또 한 사람의 일본 야구인이 감동을 주고 있습니다. 지난 시즌 서른여덟이라는 나이에도 뉴욕 양키즈의 선발 투수들 가운데 가장 돋보였던 구로다 히로키가 느닷없이 친정팀인 히로시마 카프스로 돌아왔기 때문입니다. 사실 히로키가 그런 의사를 밝히자 양키즈는 그를 잡아두기 위해 거듭 설득했고, 또 다른 팀인 샌디에고 파드레즈는 198억 원이라는 파격적인 연봉을 제시했습니다. 그런데도 히로키는 이 모두를 거절하고 36억 원을 제시한 히로시마 카프스와 계약을 한 것이었지요. 그 이유를 알고 보니 정말 뭉클합니다. 2007년, 더 큰 가능성에 도전하기 위해 줄곧 몸담았던 히로시마 카프스를 떠나 LA 다저스로 갈 당시 팬들에게 '힘이 남아 있을 때 히로시마로 다시 돌아오겠다'라는 약속을 했고, 이제 그것을 지키겠다는 것입니다.

스포츠와 음악, 야구와 오케스트라. 같은 듯 같지 않고 다른 듯 다르지 않은 세계입니다. 같다면 사람들이 모여 목표한 수준에 이르고자 있는 힘을 다한다는 사실이겠지요. 바로 자신들의 연주를, 혹은 경기를 사람들에게 보여주고 들려줌으로써 다른 이들의 마음을 움직이는 일입니다. 다른 사람들에게 깊숙한 감동과 위로를 주려면 이끄는 사람부터 마음을 한결같이 굳게 지켜서 먼저 그를 따르는 이들의 믿음을 얻어야 합니다. 그렇게 모두가 하나 될 때 지켜보는 이들에게도 고스란히 전달되어 더 많은 이들의 마음을 움직일 수 있을 것입니다. 이렇듯 세상을 움직이는 이치는 단순하기 짝이 없는데, 단지 그것을 마음에 새겨 지키려는 이가 없어 이리도 복잡하고 혼탁한가 봅니다. 🎼

하늘을 이고 있는 호수 위 오페라 무대

브레겐츠 페스티벌

1945년에 시작된 브레겐츠 페스티벌Bregenzer Festspiele은 호숫가에서 펼쳐지는 오페라 음악제입니다. 사실 해마다 열리는 이 페스티벌이 아니었다면 브레겐츠는 우리에게 매우 생소한 곳이었을 것입니다. 오스트리아와 독일은 물론 스위스까지 펼쳐진 드넓은 보덴 호수를 끼고 있는 오스트리아의 아름다운 휴양도시지만, 비슷한 조건의 다른 도시들이 많아 이곳을 특별히 기억할 이유가 없기 때문이지요. 브레겐츠 사람들은 그들만의 무엇인가가 필요하다고 생각했고, 그런 고민 끝에 세상에서 하나뿐인 오페라 음악제를 만들었던 것입니다.

이후 다른 지역에서도 비슷한 시도들이 뒤를 이었지만 브레겐츠가 가장 원조라고 할 수 있고, 그 후로도 꾸준히 변화와 발전을 모색하여 지금처럼 누구도 따라할 수 없는 규모와 명성을 자랑하게 되었지요. 처음에는 호수에 큰 배를 띄우고 갑판 위에서 공연하는 것이 브레겐츠 페스티벌의 시작이었지만, 그것이 보덴 호수를 찾는 관광객들에게 큰 호응을 얻자 1948년부터는 호수 위에 고정적인 무대를 세웠습니다. 말하자면 수상 무대인 셈입니다. 1979년에는 지금과 같은 첨단시설을 완성했으며, 1980년에는 호숫가에 페스티벌 하우스를 따로 만들어 해마다 7월 중순부터 한 달 동안 오페라 음악제를 열고 있습니다.

호사가들은 브레겐츠 페스티벌을 두고 잘츠부르크 페스티벌, 바이로이트 페스티벌과 함께 '세계 3대 음악제'라고 말하곤 합니다. 사실 저에게 있어 브레겐츠 페스티벌의 이미지는 유럽의 유서 깊은 다른 축제들에 비하면 그리 좋은 편은 아니었습니다. 음악을 명분 삼아 휴양도시 브레겐츠에 관광객들을 끌어들이자는 의도가 너무나 분명하다는 느낌이 들었기 때문이지요. 심지어는 오락영화의 대명사라고 할 수 있는 〈007 시리즈〉에까지 등장하는 것을 보면서 콘텐츠보다 마케팅이 앞서는 쇼 비즈니스의 전형이라는 생각이 들기도 했습니다. 어느 해인가 처음으로 브레겐츠를 방문하여 남들보다 일찍 페스티벌이 열리는 호숫가 무대를 찾았을 때도 별다른 감흥을 느낄 수가 없었습니다. 호텔에 여장을 풀고 시내를 한 바퀴 돌아보았지만 크게 눈길을 끄는 곳이 없었고, 호텔에서 소개한 레스토랑에 들러 이른 저녁 식사를 마쳤지만 이 또한 그다지 기억에 남을 만한 맛은 아니었지요. 그래서 얼른 호텔로 돌아와 정장으로 갈아입고는 일찌감치 페스티벌이 열리는 공연장으로 향했습니다.

그런데 별다르게 할 일이 없어 일찍 찾은 호숫가 공연장에서 생각지도 못한 경험이 저를 기다리고 있었습니다. 탁 트인 무대를 바라보는 넓은 객석에 홀로 앉아 커다란 무대와 어우러진 호수 너머 풍경을 바라보는 기분은 참으로 묘했지요. 아무것도 가리는 것이 없어 밖에서도 볼 수 있는 무대는 마치 오래 전부터 거기에 있었던 조형물인 것처럼 호수 위에 뜬 채 유유히 하늘을 이고 있었습니다. 이윽고 해가 저물면서 객석이 하나둘씩 차기 시작했고, 호수 저편 린다우에서 다가온 배가 기슭에 닿아 한 무리의 사람들을 내려놓자 조금 전까지의 호젓하고 적막한 공기가 흩어지듯 사방으로 날리는 것 같았습니다. 저무는 해가 하늘과 호수를 점점 더 붉게 물들일 즈음, 새하얀 조명이 들어오는 순간은 마치 위대했던 한 시대가 가고 다른 시대가 오는 듯 환상적이었습니다.

이윽고 펼쳐진 푸치니의 오페라 〈토스카〉는 제가 이미 수없이 감상했던 그것이 아니었습니다. 익숙한 스토리와 귀에 익은 음악은 온데간데없었고 그저 인간을 둘러싼 대자연에 바치는 외침과 몸짓만 가득할 뿐이었습니다. 이는 이탈리아 베로나를 방문했을 때 그곳의 야외극장에서 베르디의 오페라 〈아이다〉를 볼 때와는 또 다른 감동이었습니다. 그때는 멀리서도 마치 바로 앞에서 보는 듯 소리가 너무나 맑고 또렷해서 흠칫 놀랐던 기억이 있습니다. 베로나에서는 고대 로마의 위대한 역사와 그것이 이룩한 문명에 감탄했다면, 브레겐츠에서는 인간이 도저히 어찌할 도리가 없는 자연의 섭리와 거기에 끝내 어우러지는 인간의 운명에 저절로 빨려드는 기분이었지요.

베로나가 세상에 하나뿐인 소리를 들려주었다면, 브레겐츠는 세상

음악은 잠들지 않고 꾸는 꿈이다.

- 클라우스 슐츠

에 하나뿐인 장관을 보여주었습니다. 경이로운 자연 속에서 인간이 만들어낸 환상적인 음악에 흠뻑 빠져들고 싶다면 올 여름, 브레겐츠를 방문해보는 것은 어떨까요? 마치 아주 오래 전부터 거기 있었던 것처럼 하늘을 유유히 이고 있는 호수 위 무대가 여러분을 정겹게 맞아줄 것입니다. 🎼

Tribute to Shin Joong Hyun

세상에서 하나뿐인 기타,
하나뿐인 소리

지난 2010년, 광화문 광장에서 정명훈이 지휘하는 서울시향의 연주로 광복절 기념 음악회가 열린 적이 있습니다. 광복절 기념 음악회는 2005년 이후 해마다 열리는 행사지만 광복 65주년을 맞이한 그해에 특별히 사람들의 관심을 끌었던 것은, 장소가 여느 때와는 달리 광화문 광장이었고 그 다음날에는 복원을 마친 광화문이 공개될 예정이었기 때문입니다. 이날은 음악을 사랑하는 많은 이들에게 또 하나의 역사로 기억될 만한 날이기도 했습니다. 우리나라 클래식 음악계를 대표한다고 할 만한 지휘자 정명훈과 우리나라 록 음악의 대부로 일컬어지는 신중현이 한 무대에서 호흡을 맞추는 장관이 펼쳐졌기 때문이지요. 안익태의 〈한국환상곡〉과 신중현의 〈아름다운 강산〉을 오케스트라와 기타를 위한 협주곡으로 편곡한 작품이, 정명훈의 지휘 아래 서울시향과 신중현의 기타 협연으로 연주되었던 것입니다.

사람들의 시선이 가장 집중된 곳은 당연히 무대에 함께 선 두 거장이었지만 이 자리에는 눈길을 끄는 또 하나의 존재가 있었습니다. 다름 아닌 신중현이 들고 나온 검정색 기타로, 2009년 12월에 세계적인 기타 제작사 펜더Fender가 신중현에게 헌정한 바로 그 기타였습니다. 1946년 설립된 펜더는 자사의 기타를 애용하며 전설적인 음악을 만든 뮤지션에게 특별한 기타를 만들어 헌정해 왔는데 그전까지는 에릭 클랩튼Eric Patrick Clapton 영국, 제프 벡Jeff Beck 영국, 스티비 레이 본Stevie Ray Vaughan 미국, 잉베이 맘스틴Lars Johann Yngwie Lannerback 스웨덴, 에디 반 헤일런Eddie Van Halen 네덜란드까지 오직 다섯 사람만이 그 영광을 누려왔습니다. 말하자면 세계에서 여섯 번째이자 아시아 최초라는 기록이 신중현에게 주어진 것입니다. 맞춤형 모델을 만드는 펜더 커스텀 숍에서 최고의 기타 장인 데니스 갈루즈카가 제작한 이 기타의 지판에는 신중현의 사인과 'Tribute to Shin Joong Hyun'이라는 글자가 자개로 새겨져 있습니다. 이 글자들은 광복절 기념 무대에서도 유독 조명을 받아 반짝반짝 빛을 발했지요.

기타 제작 과정에서 신중현은 "내가 낡았으니 기타도 낡아야 어울린다"며 지미 헨드릭스Jimi Hendrix가 1960년대 말 쓰던 스타일로 만들어달라는 까다로운 주문을 했고, 펜더는 낡은 모서리와 녹슨 너트까지 그대로 되살리는 정성을 보였다고 합니다. 통상적으로 주문 제작되는 펜더의 최고급 기타는 2,000만 원대에 구입할 수 있지만, 이 경우는 선정된 아티스트의 명성과 악기의 희소성으로 인해 금액을 가늠할 수 없는 가치를 지니고 있습니다. 참고로 2004년 크리스티 자선 경매에서 95만 9천 달러에 낙찰된 에릭 클랩튼의 1956년형 펜더 블랙키가 역사상 최고가 기타의 기록을 가지고 있습니다.

2010년 광복절 기념 음악회에서 협연이 이루어진 〈아름다운 강산〉은 1972년 신중현과 그의 밴드 'The Men'이 녹음한 음반에 수록된 곡입니다. 1960년대부터 수많은 히트곡을 만들어 여러 가수들을 성공시켰지만 신중현이 정작 열망했던 록 밴드로서의 성공은 늘 그를 외면했습니다. 그것은 이 음반도 예외가 아니었는데, 2년 후 그는 새로운 3인조 밴드 '신중현과 엽전들'과 함께 취입한 음반으로 드디어 첫 성공을 거두게 됩니다. 그 음반에 수록되었던 〈미인〉은 당시 남녀노소 누구나 입에 달고 다닐 정도로 폭발적인 인기를 끌었습니다. 사실 그에게 있어 처음이라는 것은 늘 '우리나라 최초'와 같은 뜻을 지닙니다. 다시 말해 1974년 취입한 이 음반이 우리나라 최초로 상업적인 성공을 거둔 밴드 음반이라는 것입니다.

또한 그가 1963년 처음 결성한 자신의 밴드 'Add 4'는 우리나라 최초의 록 밴드였고, 1964년에 이들이 처음 내놓은 음반 〈빗속의 여인〉은 우리나라 최초의 밴드 음반으로서 대한민국 록 음악사의 첫 페이지를 장식하게 됩니다. 그 무렵이 비틀즈가 막 활동을 시작할 즈음이었으니 신중현이 얼마나 시대를 앞서가고 있었는지 짐작할 수 있을 것입니다. 그리고 그만큼 남들보다 멀리 앞서 가 있었으니 어쩌면 실패를 거듭하는 것도 당연한 일이었는지 모르겠습니다.

그런 신중현에게 첫 성공을 가져다 준 것은 그가 제작한 자매 듀오 '펄 시스터즈'의 데뷔 음반이었습니다. 여기에는 그가 작곡한 〈님아〉, 〈커피 한잔〉, 〈떠나야 할 사람〉 등의 노래가 실렸는데 이중 최고의 인기를 누렸던 〈커피 한잔〉은 사실 4년 전 그에게 참담한 좌절을 맛보게 했던 음반 〈빗속의 여인〉에 먼저 수록되었던 곡이었지요. 신중현은 이후 김추자와 박인수, 장현 등을 발굴하여 성공시키면서 스타 제조기로 명성을 떨쳤고 〈봄비〉, 〈님은 먼 곳에〉, 〈거짓말이야〉, 〈미련〉, 〈봄〉을 비롯한 수많은 히트곡들을 쏟아냈습니다. 1974년에는 그가 그토록 열망했던 밴드로서의 성공까지 거머쥐면서 절정을 맞이하는가 싶었지만 바로 이듬해 대마초 사건에 연루되는 바람에 5년이나 활동을 할 수 없었고, 그의 대표곡들은 1987년에 가서야 다시 세상의 빛을 볼 수 있었습니다. 이후 그는 불혹을 넘긴 나이에 '신중현과 뮤직 파워', '세 나그네' 등의 밴드를 결성하여 재기에 힘썼지만 시대를 되돌릴 수는 없었지요.

1990년대 중반부터 신중현의 업적에 대해 다각적인 평가가 이루어지기 시작했습니다. 그 일환으로 1997년에는 봄여름가을겨울, 강산에, 윤도현, 한영애 등 후배 음악인들이 신중현에게 헌정하는 앨범 〈A Tribute To 신중현〉을 제작했습니다. 동양철학 중에서도 장자에 심취했던 그는 1990년대 이후로도 〈무위자연〉, 〈김삿갓〉, 〈Body & Feel〉, 〈도시학〉 등의 음반을 내면서 꾸준히 활동했지만, 2006년 전국을 순회

하는 은퇴 공연을 끝으로 음악계를 떠났습니다.

그런 신중현을 다시 세상에 나오도록 이끈 것이 바로 펜더였습니다. 14개월 동안 정성 들여 기타를 제작해준 것은 물론, 숨은 명곡을 찾아내서 음반을 만드는 라이트 인 디 애틱 레코드에 그를 소개한 것도 펜더였습니다. 그 음반사는 그가 1973년에 녹음했던 김정미의 〈Now〉를 다시 내기로 했고 그의 음악들 가운데 명곡을 골라서 2장짜리 음반을 따로 만들기로 했지요. 〈Now〉는 당시 음반사가 상업적 가치가 없다고 거절한 것을 겨우 설득해 몇 장 찍다가 중단해버린 작품입니다. 희소성 때문에 지금은 수집가들 사이에 엄청난 고가로 거래되고 있는데, 이는 당시 발매를 중단한 것이 잘못된 판단이었음을 보여주는 것이기도 하지요.

지금도 신중현은 미군부대를 전전하며 힘겹게 활동했던 무명 시절을 그리워합니다. 일제 강점기에 태어나 아버지를 따라 만주 벌판을 떠돌던 그는 해방 후 귀국했지만 한국전쟁으로 가족을 모두 잃고 공장에서 일하면서 홀로 기타를 익혔습니다. 키 작고 마르고 못생겨서 볼품없는 그를, 아니 그의 음악을 들리는 그대로 받아들이고 존중했던 미군들을 그는 지금도 잊지 못합니다. 그렇기에 1958년 자신의 기타 연주를 담은 최초의 음반 〈히키신〉을 만들 수 있었겠지요. 그때 벌써 우리 민요와 동요를 나름의 재즈 스타일로 연주했던 그를 태평양을 건너온 미군들은 '히키신'이라 부르며 열광했습니다. 그리고 50년이 지난 오늘날 태평양 건너 미국의 기타 제작사 펜더가 누구와도 같지 않은 신중현의 가치를 인정하고 그의 음악을 세상에 널리 알리고자 한 것입니다. 펜더에서 세상에 하나뿐인 기타를 만들어 그에게 준 이유 역시 이와 다르지 않을 것입니다. 지금까지 그랬던 것처럼 앞으로도 세상에 하나뿐인 소리를 만들라는 것이지요. 아마도 그는 헌정 받은 기타와 함께 새로운 소리를 만들어갈 것입니다. 그가 늘 말했듯이 현란한 손놀림이 아닌 자신만의 소리를 찾고 또 찾을 것입니다.

역사가 있기에 오늘이 존재합니다

세계 최고의 공연장
카네기홀

　뉴욕의 카네기홀Carnegie Hall은 미국을 대표하는 공연장으로 널리 알려져 있습니다. 세계 여러 무대에서 실력을 인정받고 있는 클래식 연주자들은 물론 대중음악인들까지도 카네기홀에서 연주했다는 사실을 자랑삼을 만큼 명성이 자자한 곳이지요. 뿐만 아니라 음향 시설에 있어서도 세계 어느 공연장에 뒤지지 않는다는 평가를 받는 곳이기도 합니다. 그래서인지 카네기홀은 개관하자마자 표트르 일리치 차이콥스키Pyotr Ilyich Tchaikovsky나 구스타프 말러Gustav Mahler 같은 그 시대의 거장들을 불러들여 그들의 음악을 무대에 올렸고, 토스카니니를 비롯한 당대 최고의 지휘자들과 연주자들은 물론 비틀스The Beatles나 롤링스톤스The Rolling Stones와 같은 불멸의 팝 아티스트들까지 모두 카네기홀에 발자국을 남겼습니다.

　1891년 개관한 카네기홀은 1898년에 철강왕 앤드류 카네기의 출자로 대대적인 개축을 거치며 지금의 이름으로 불리게 되었고, 이후 뉴욕 시민들은 물론 전 세계 음악 애호가들의 사랑을 받는 명소로 자리 잡았습니다. 그러나 카네기홀이 지금의 위치에 오르기까지 순탄한 여정만을 거쳤던 것은 아닙니다. 1960년, 카네기홀은 재정적 압박을 견디지 못해서 당국이 건물을 사들이기에 이르렀고 1962년에는 링컨센터Lincoln Center가 문을 열면서 독보적인 위상마저 위협받게 되었습니다. 이때 구세주처럼 등장한 이가 바로 걸출한 바이올리니스트 아이작 스턴Isaac Stern이었습니다. 그가 앞장선 덕분에 보수와 개축에 필요한 기금이 확보될 수 있었고, 대대적인 공사가 차질 없이 마무리되면서 카네기홀은 과거의 명성을 다시 찾게 되었습니다. 이 때문에 3,000여 석을 지닌 대공연장은 오늘날 '아이작 스턴홀'로 불리고 있기도 합니다. 결과적으로 지금의 카네기홀이 있기까지 카네기와 스턴, 이 두 사람의 공헌이 절대적이었던 셈입니다.

그런데 카네기홀의 찬란한 영광이 있기까지 위의 두 사람 말고도 숨어 있는 또 한 사람의 공헌자가 있었으니, 그는 지금도 카네기홀의 문헌 관리자로서 자신의 역할을 누구보다 성실하게 수행하고 있는 지노 프란체스코니Gino Francesconi입니다. 한때 촉망받는 음악도였던 그는 줄리어드에서 지휘를 전공했고 이탈리아로 유학을 갔지만, 재정적인 문제로 뉴욕에 돌아온 후 학창시절 보조 지휘자로 일했던 카네기홀의 문을 다시 두드리게 되었습니다. 당시 카네기홀은 다가올 100주년을 준비하면서 스스로의 역사와 전통을 자랑할 만한 자료와 문헌들을 챙겨두지 못했다는 사실을 뒤늦게 깨닫고, 일자리를 찾는 이 젊은 음악가에게 그 중요한 업무를 맡겼던 것입니다.

그날부터 프란체스코니는 카네기홀에 관한 기록과 자료들을 찾아서 모으기 시작했습니다. 기념비적인 공연이 헤아릴 수도 없이 많이 열린 이 공연장에는 당시의 티켓과 팜플릿은 물론 포스터마저 전혀 보관되어 있지 않았습니다. 언제 어떤 공연이 있었는지 확인해 줄 문서조차도 남아 있지 않았으며, 더욱 기가 막힌 것은 차이콥스키가 직접 지휘를 했던 역사적인 1891년 개관 기념 공연의 자료도 찾을 수가 없었다는 사실이었지요. 그런 절망적인 상황이라면 누구라도 포기하고 물러났겠지만, 프란체스코니는 절대로 포기하지 않았습니다. 그는 전 세계의 벼룩시장을 누비고 인터넷 경매 사이트를 샅샅이 뒤졌는가 하면, 카네기홀을 거쳐간 음악인들과 그 가족들에게 편지를 쓰고 직접 찾아가는 일을 수없이 되풀이했습니다. 심지어는 미국 은퇴자 연맹에 회원으로 가입한 뒤 그 기관지에 "카네기홀과 관련된 모든 기록을 모으고 있습니다"라는 제목의 글을 쓰기도 했지요. 나이가 많은 사람들 가운데 혹시 초창기의 카네기홀을 다녀간 사람이 있다면 그들로부터 당시의 자료는 물론 이야기라도 들을 수 있을까 싶어, 카네기홀에 관한 기록들을 모으고 있다는 사실을 널리 알리고 제보를 부탁했던 것입니다.

그렇게 하나씩 찾아내서 기증받거나 구입한 자료들 가운데는 레너드 번스타인Leonard Bernstein을 뉴욕 필하모닉의 지휘자로 임명하는 문서에서부터 리스트와 레오폴트 스토코프스키Leopold Stokowski 같은 위대한 음악가들의 자필 편지들, 개관 기념 공연의 티켓, 비틀스의 공연 당시 사진과 친필 사인 등이 있었습니다. 이 외에도 초창기 무대 조명에 사용되었던 전구와 전설적인 재즈 디바인 엘라 피츠제럴드Ella Jane Fitzgerald가 공연 중에 썼다는 안경, 거장 카라얀Herbert Karajan의 지휘봉, 스윙 재즈의 제왕이자 클라리넷 연주자인 베니 굿맨Benny Goodman의 악기 등은 기증받아 구입 비용을 절약한 대신 지금까지도 엄청난 보험료를 감당해야 하는 애물단지 컬렉션이기도 합니다.

이렇게 우여곡절 끝에 하나둘 모아서 정리한 자료들은 카네기홀이 개관 100주년을 맞이한 1991년에 로즈 박물관Rose Museum을 열고 공개되었습니다. 덕분에 사람들은 카네기홀의 로비와 벽면을 가득 채운 자료들을 통해 지난 100년 동안 그 무대에 섰던 수많은 음악인들에 대해 알 수 있게 되었고, 하나같이 그 시대를 대표했던 그들의 면면으로 말미암아 카네기홀의 위상 또한 세계 최고임을 증명하게 되었지요. 프란체스코니는 지금도 카네기홀에 관한 자료들을 찾는 일을 계속하고 있으며 가능한 한 많은 사람들이 카네기홀의 자랑스러운 역사를 제대로 알고 기억할 수 있도록 방문객들을 대상으로 카네기홀 VIP 투어를 진행하고 있습니다. 차이콥스키의 지휘로 문을 연 이후, 한 세기가 넘는 세월 동안 그 시대를 대표하는 무수한 음악인들이 카네기홀의 무대를 밟았지만 정작 그 역사를 정리해 사람들 앞에 선보일 수 있었된 것은 100년이나 지난 다음이었습니다. 이마저도 프란체스코니가 없었다면 불가능했을 기적입니다.

지난 2013년, 우리나라를 대표하는 복합문화공연시설인 예술의 전당이 개관 25주년을 맞이했습니다. 그 길지 않은 세월 동안 쌓아 올린 업적과 위상을 자랑하는 여러 행사들이 열렸지만, 그중 세월의 흔적을 고스란히 보여주는 기록과 자료들을 보여주려는 노력은 어디서도 찾을 수가 없었지요. 사실 조금만 둘러보면 예술의 전당뿐만 아니라 우리나라의 어느 공연장도 스스로의 역사를 보여주는 박물관을 운영하고 있지 않다는 사실을 발견하게 됩니다. 비단 공연장만의 일은 아닐 겁니다. 우리에게도 그 이름이 낯설지 않은 외국의 오래된 자동차 제조사들은 모두 가지고 있음에도, 생산량과 품질 면에서 세계 최고 수준에 올라섰다는 우리나라 굴지의 자동차 제조사들에게만 없는 것 또한 박물관이니 말입니다. 그나마 2016년이면 그 가운데 한 회사가 드디어 박물관을 연다고 하니 기대하고 성원하는 마음으로 기다려야겠습니다.

현재의 위용만큼이나 중요한 것이 바로 지금이 있기까지 거쳐온 세월의 흔적과 숨결입니다. 앞으로 또 20여 년이 흐르고 예술의 전당이 개관 50주년을 맞이할 즈음이면, 그곳 어딘가에 자랑스러운 역사가 담긴 박물관이 활짝 문을 열고 사람들을 맞이할 수 있기를 기대해 봅니다. 아니 반드시 그렇게 되도록 우리 모두 관심을 가지고 성원해야겠습니다.

GRAZIOSO

부드럽고 우아하게

음악과 리듬은
영혼의 비밀 장소로 파고든다.

- 플라톤

가지지 않아 아름답고 머물지 않아 향기롭다

말러 가곡
〈나는 세상으로부터 잊혀지고〉

‘독락당獨樂堂’은 조선 중종 때의 성리학자인 회재 이언적 선생이 벼슬을 버리고 낙향하여 지은 집입니다. 선생은 고향인 경주 양동마을에서 조금 떨어진 옥산에 터를 잡아 속세를 버리고 자연을 벗 삼으려 하였습니다. 하여 남쪽을 향해 문을 내었지만 드나드는 길이 쉽게 드러나지 않도록 담을 쌓고, 그 사이를 가로질러 좁은 길을 만들었지요. 이렇게 사람들의 접근을 경계한 것과는 달리 자연은 온몸으로 받아들이는 구조를 취했습니다. 자연으로 집을 감싸며 북쪽에서 남쪽으로 흐르는 새울 쪽으로는 담을 허물고 살창을 내있는가 하면, 집안과 집 밖을 반씩 걸치는 정자를 지어 산수와 초목을 품으려고 했습니다.

이처럼 집이 앉아 있는 모양새와 주변의 풍광이 빼어난 곳에 손수 집을 짓고 홀로 깃들고자 했던 선생의 뜻이 마음 깊숙한 곳에 와 닿는 까닭에, 조금 떨어진 곳에라도 볼일이 있으면 일부러 꼭 들르는 곳이 바로 독락당이기도 합니다. 그렇게 잠시라도 머물러 선비의 기개와 풍류를 생각해보는 것이지요. 풍류란 무엇일까요? 무언가에 마음을 빼앗겨 넋을 놓을 만큼 빠져들게 되더라도 그저 곁에 두고 지켜볼 뿐, 결코 취하려 들지 않고 아끼며 보살피는 것입니다. 그리하여 애틋한 마음은 날로 깊어지나 그럴수록 마음을 다잡아 넘치거나 소홀함이 없도록 단지 마음속으로만 품는 것이지요. 그렇게 개울가 바위에 앉아 독락당의 정자를 물끄러미 바라보노라면 세상을 등지고 홀로 앉아 서책과 자연을 벗 삼았을 회재 선생의 고독과 풍류에 흠뻑 빠져들곤 합니다. 그리고 어느덧 귓가에는 구스타프 말러Gustav Mahler의 가곡 〈나는 세상으로부터 잊혀지고〉가 들리는 듯하여 저도 모르게 이 노래를 흥얼거리게 됩니다.

나는 세상으로부터 잊혀지고

오랜 세월 세상과 멀어져 있어

이제는 어느 누구도 나를 알지 못한다.

사람들은 내가 죽었다고 생각하겠지.

하지만 상관없어.

내가 죽은 것으로 여긴다고 해도

부정하려는 생각도 없어.

사실 나는 죽은 것이나 다름없으니까.

이제 이 세상의 소동에서 멀리 벗어나

조용한 나라에서 평화를 누리고 있지.

(그렇게) 나만의 천국에서 살리.

내 사랑 안에서,

내 노래 안에서,

홀로.

이 노래는 말러의 〈뤼케르트 시에 곡을 붙인 5개의 가곡〉 가운데 세 번째 곡입니다. 말러는 뤼케르트의 시를 좋아하여 다른 누구보다 그의 시에 많은 곡을 붙여 가곡을 작곡했는데 특별히 이 가곡을 좋아했다고 합니다. "이 곡은 바로 나 자신이다"라고 말할 정도였으니까요. 또한 그토록 사랑했던 아내 알마를 처음 만나 느꼈던 감정을 고스란히 담았다는 〈교향곡 5번〉이 4악장에도 훗날 알마의 배신으로 자신의 마음에 씻지 못할 상처가 남게 될 것을 미리 예견이라도 한 듯, 이 노래의 흔적을 그대로 남겼지요. 누구보다 병약했고 어려서부터 형제들과 어머니의 죽음을 차례로 맞으며 늘 죽음의 공포에서 벗어나지 못했던 말러. 호숫가 오두막에서 홀로 지내는 동안 오선지와 마주하며 고뇌하는 그 시간만큼은 고독하면서도 자유로웠을 것입니다. 그렇게 그는 세상으로부터 떨어져 있으면서 홀로 평화와 안식을 누렸을지도 모릅니다.

그렇습니다. 진정한 자유의 대가는 뼈에 사무치는 고독입니다. 곁에 아무도 없어 외로운 고독이 아니라 무엇이든 홀로 감당하려는 당당한 고독입니다. 내게 주어진 삶의 나날들을 단 한 순간도 놓치지 않으려는 치열함인 것이지요. 자유로운 사람은 스스로를 속박하지 않을 뿐더러 다른 어떤 것에도 매달리지 않습니다. 그리움이 사무치고 아쉬움에 목이 메어도 소리 내어 울지 않지요. 오히려 가질 수 없어 아름답고 머물지 않아 그립습니다. 가지지 않는 이가 멋있습니다. 머물지 않는 이가 향기롭습니다.

음악회가 끝나고 공연장에 불이 꺼지면 저는 어둡고 텅 빈 객석에 홀로 멍하니 앉아 있는 시간을 무엇보다 즐깁니다. 문 밖 로비에서는 리셉션 파티가 한창이어서 환한 불빛과 떠들썩한 소리가 문틈으로 어렴풋이 새어 들지만, 때로는 이 모든 것이 나와는 전혀 상관없는 먼 나라의 일처럼 느껴지기도 합니다. 제가 기획한 공연이고 제가 마련한 리셉션인데도 말입니다. 누구도 나를 찾지 않고 아무도 나를 부르지 않는 그 짧은 시간만큼은 세상 어느 것과도 바꿀 수 없는 고독한 기쁨입니다. 여러분 모두를 어둡고 텅 빈 객석으로 초대합니다. 그러고 보니 어디선가 또다시 〈나는 세상으로부터 잊혀지고〉가 들려오는 듯합니다.

가장 아름다운 음악은 '함께하는' 음악입니다

어느 바이올리니스트 이야기

제가 아는 어느 바이올리니스트의 이야기입니다. 그의 기량은 천재적인 수준은 아니었지만 연주자로서의 자세만큼은 누구보다 진지한 사람이었습니다. 학교를 졸업하고 국내 정상급 오케스트라의 일원이 되었으나 그렇다고 독주자로서의 화려한 무대를 꿈꾸는 것도 아니었습니다. 대신 그는 늘 사람들이 진정으로 듣고 싶어 하는 음악을 연주하고자 하는 소망이 있었지요. 그 때문인지 음악인이라면 한 번씩은 하는 그 흔한 독주회조차 할 생각이 없었습니다. 독주회를 한답시고 지인들에게 부담주기가 싫었고, 사람들이 인사치레로 연주회장을 찾는 것 또한 그에게는 아무런 의미가 없었기 때문입니다.

그러던 어느 날 그에게서 짧은 편지가 도착했습니다. 내용인즉 조촐한 독주회를 마련했으니 시간이 되면 오라는 것이었지요. 편지를 읽으면서 '그도 별 뾰족한 수가 없었구나'라는 생각을 하던 중 끄트머리에 적힌 연주회 장소를 보고 놀라지 않을 수가 없었습니다. 뜻밖에도 공연장이라는 곳이 바로 그가 사는 아파트의 거실이었으니 말입니다. 어쨌든 가까운 친구들만 부른다는 말에 저는 가벼운 마음으로 그의 집을 향해 나섰습니다. 오랜만의 방문이라 작은 선물까지 사들고 말이지요.

그런데 그가 사는 아파트 건물 안으로 들어섰을 때, 제 눈앞에는 놀라운 광경이 펼쳐져 있었습니다. 현관문 밖 복도까지 사람들이 몰려들어 있어 도저히 집 안으로 들어갈 수가 없었던 것입니다. 나중에 안 일이지만 친구들만 부르기가 아쉬워 별 생각 없이 아파트 게시판에 '한 동네 사는 아무개가 집에서 조촐한 연주회를 마련했으니 누구라도 관심 있으면 오셔서 그저 편안하게 감상하시라'는 내용의 안내문을 붙였다고 합니다. 그것을 보고 그토록 많은 사람들이 찾아왔던 것이지요. 안내문을 붙인 당사자 역시 그렇게 많은 사람들이 올 것이라고는 상상도 하지 못했다는 말을 나중에 들을 수 있었습니다.

아마도 그 자리에 모인 사람들은 평소 음악회라는 것이 자신들의 삶과는 전혀 무관한 것이라 생각하고 살았는지도 모릅니다. 그런데 느닷없이 게시판에 붙은 안내문을 보면서 호기심이 생겼을 것입니다. 그리고 자신들과 함께 숨 쉬고 있는 공간에서, 다른 이도 아닌 자신의 이웃이 이렇게 엉뚱한 일을 계획했다는 사실에 색다른 감흥을 느꼈을 수도 있습니다. 이렇든 저렇든 그들에게는 힘들이지 않고 얻을 수 있는 저녁 소일거리가 생긴 셈이지요. 일찍 저녁을 먹은 다음에 자녀들의 손을 잡고 몇 걸음만 옮기면 갈 수 있는 곳이니, 그저 마실 나간다는 생각으로 잠시 들르기에 그만이었을 것입니다. 그래도 남의 집을 방문하는데 빈손으로는 갈 수 없어 손에 든 것이 집에서 키운 화분들이었고 더러는 정성이 담긴 먹을거리도 있었을 것입니다.

이후 그는 다시는 집에서 연주회를 열지 못한 것으로 알고 있습니다. 대신 아파트 부녀회인지 자치회인지에서 나서서 경로당에다 자리를 마련하고, 부족하나마 연주회에 필요한 것들을 알아서 준비해준다는 말을 얼핏 들었던 기억이 납니다. 오래지 않아 그는 아파트 단지에서만큼은 최고의 저명인사가 되었다고 합니다. 밤늦게 택시를 타고 들어가면 경비원이 나와 문을 열어주는 것은 물론이고, 동네 슈퍼에서 외상으로 물건 사는 것쯤은 일도 아니라는 말도 들을 수 있었지요. 이 일을 통해 그는 오랜 세월 추구해온 자신의 길이 헛되지 않았다는 확신을 얻을 수 있었을 것입니다. 사람들에게 부담이 되는 음악이 아닌, 함께 듣고 함께 즐거워하는 음악을 들려주겠다는 꿈 말입니다. 화려하고 거창하진 않더라도 내 주변의 가까운 이들에게 휴식과 격려를 선물하는 음악, 세상에서 가장 아름다운 음악은 이런 것이 아닐까요.

알고 보면 재미있는
그들의 산책 습관

더 늦기 전에 운동을 시작해야겠다고 마음먹었지만 쉽지가 않았습니다. 말로는 바쁘다며 핑계를 댔지만 사실은 게으름이 문제였습니다. 생각 끝에 차를 두고 다니기로 했습니다. 버스나 지하철을 타면서 조금이라도 걸으려는 생각이었지요. 자가용을 운전하고 다닐 때보다 더 많은 시간을 길에서 보내고 있지만, 이전과는 비교할 수 없을 정도로 느긋하고 뿌듯한 하루를 보내고 있습니다. 우선 아침이면 전보다 조금 더 일찍 집을 나서서 버스 정류장까지 천천히 걷습니다. 그랬더니 생각을 가다듬고 날마다 하루의 시작을 차분히 준비할 수 있는 여유가 생겼지요. 심지어는 그렇게 정리된 생각을 모아 책을 내는 덤까지 얻을 수 있었습니다. 말하자면 산책이 제게 사색의 여유를 주었고, 그 여유가 모여 마음에 풍요로움을 가져다준 셈입니다.

더불어 이전에는 짐짓 아닌 척하면서도 늘 눈에 보이고 손에 잡히는 것만을 허둥지둥 쫓아서 사느라 정작 소중한 것은 제 마음속에 있다는 사실을 깨닫지 못했습니다. 어린 왕자의 말처럼 정말로 소중한 것은 눈에 잘 보이지 않나 봅니다. 하지만 이제는 사색 끝에 얻은 단상을 다른 사람과 나눌 줄 아는 여유도 지니게 되었습니다. 칸트와 같은 철학자들은 물론 괴테와 톨스토이 같은 대문호들 그리고 나폴레옹을 비롯한 영웅호걸들까지, 그토록 많은 위인들이 날마다 산책을 즐기며 생각에 잠겼다는 글을 여러 차례 접했으면서도 이제야 실행에 옮기다니 스스로가 한심할 따름입니다.

그러고 보니 음악사에 큰 자취를 남긴 대부분의 음악가들도 하나같이 산책을 즐겼습니다. 그렇지 않은 이들을 찾는 것이 어려울 정도지요. 문득 후고 볼프Hugo Wolf의 가곡 〈산책〉의 한 구절이 떠오릅니다. 〈뫼리케 시에 의한 가곡집〉의 23번째 곡으로 산책의 즐거움을 노래한 경쾌한 곡이지요. 볼프는 프란츠 슈베르트Franz Peter Schubert에서 본격적으로 시작되어 슈만으로 이어지는 독일 가곡의 역사에서 브람스, 리하르트 슈트라우스Richard Georg Strauss와 더불어 누구보다 뚜렷한 업적을 남긴 작곡가들 가운데 한 사람입니다.

"이른 아침 지팡이를 짚고 숲과 언덕을 거닐면 아침의 햇빛을 받아 나는 행복을 느낀다. 마치 새가 숲 속에서 지저귀듯이, 가뿐하게 땀을 흘리는 아침의 산책길 가운데 나의 인생이 있다네."

누구보다 산책을 즐겼던 베토벤 또한 산책길에 나설 때마다 반드시 지팡이와 모자를 챙겼다고 합니다. 그리고 수첩과 필기구도 빼놓지 않았다지요. 그는 산책의 즐거움을 이렇게 외치고 있습니다.

> "나무들이 내게 말을 걸어오고 있지 않은가!
> 신이시여, 저는 숲속에 있을 때 행복합니다."

베토벤의 성격을 잘 드러내주는 대표적인 일화 또한 산책과 관련된 것입니다. 어느 날 그가 괴테와 좁은 길을 걷고 있는데 맞은편에서 지체 높은 귀족들이 오고 있었다고 합니다. 귀족이 아니라 황실의 행차였다는 말도 있는데요, 여하튼 괴테는 얼른 비켜서서 모자를 벗고 머리를 숙여 예의를 표했지만 베토벤은 모른 척 가던 길을 계속 걸어 결국에는 마주 오던 일행이 비키도록 했다는 것입니다. 누구보다 자존심이 강하고 고집 스러웠던 베토벤의 성격 때문이기도 하지만, 다른 것이라면 몰라도 산책의 즐거움만큼은 그 누구에게도 방해받고 싶지 않았던 마음이 아니었나 하는 생각이 듭니다. 음악가로서 이제 막 성공의 길에 접어들었을 무렵 점점 귀가 들리지 않게 되자 비탄에 빠져 유서를 썼던 하일리겐슈타트에 서도 그는 산책을 멈추지 않았습니다. 덕분에 그 길은 현재 '베토벤의 길' 이라는 이름으로 관광객들을 맞이하고 있지요. 절망의 나락에서 생각을 돌리고 마음을 다잡았던 데는 산책이 기여한 바가 적지 않았을 것입니다. 마치 폭풍우가 한바탕 몰아친 다음에 찾아온 평온함과 같은 느낌은 그 무렵 작곡한 교향곡 6번 〈전원〉에 고스란히 담겨 있습니다.

산책과 관련된 유명한 작곡가의 일화라면 주세페 베르디Giuseppe Verdi를 빼놓을 수 없을 것입니다. 전해지는 바에 따르면, 베르디가 산책을 나갈 때마다 보이는 거리의 악사가 있었다고 합니다. 손풍금을 돌리며 노래를 하는 그 악사는 베르디의 오페라 〈리골레토〉에 나오는 그 유명한 아리아 〈여자의 마음〉을 지겹도록 불러댔고 늘 같은 부분을 틀리게 연주해 베르디의 심기를 불편하게 했지요. 어느 날 참다 못한 베르디가 악사에게 지적하자 베르디를 알아보지 못한 그 악사는 대뜸 당신이 뭔데 참견이냐며 따져 물었습니다. 베르디는 하는 수 없이 자신이 그 곡을 작곡한 당사자임을 밝혔고 그러자 악사는 태도가 돌변하여 연신 감사의 인사를 거듭했다고 합니다. 그런데 그 일이 있고 나서 기분 좋게 산책을 다녀오는 베르디의 눈앞에 이번에는 더욱 놀라운 광경이 펼쳐졌습니다. 어제까지만 해도 한산하기만 했던 악사 주변이 인산인해를 이루고 있었던 것입니다. 무슨 일인가 싶어 사람들을 헤치고 안을 들여다보았더니 그 악사 앞에 새로운 푯말이 서 있었는데, 거기에는 '주세페 베르디의 제자'라고 적혀 있었다고 합니다. 그러니 사람들이 그토록 몰려 구경하고 있었던 것이지요.

베토벤이나 베르디의 일화가 잘 알려진 그들의 성격을 그대로 드러내고 있는 것과는 달리, 브람스의 산책 습관은 우리가 알고 있는 그의 모습과는 전혀 다른 면모를 보여주고 있어 놀라우면서도 흐뭇한 마음을 느끼게 합니다. 브람스는 산책을 할 때면 주머니 속에 사탕을 넣고 다녔다고 하는데, 내성적인 성격 탓에 늘 조용하고 무뚝뚝하며 심각하기만 할 것 같은 그가 산책길에 만나는 어린아이들에게 사탕을 나눠주는 모습을 상상하면 얼굴에 절로 미소가 번집니다.

생활이 불규칙하고 즉흥적인 면모가 두드러져 산책과는 거리가 있어 보이는 볼프강 아마데우스 모차르트Wolfgang Amadeus Mozart도 알고 보면 산책 예찬론자였습니다. 그는 이런 말을 남기기도 했지요.

"내가 있는 그대로의 나로 돌아와 온전히 홀로 있을 때, 그래서 기분이 좋을 때, 예를 들어 마차를 타고 여행을 하거나 맛있는 식사를 하고 산책을 할 때, 홀로 잠 못 이루는 밤과 같은 그런 때야말로 악상이 가장 원활하게 그리고 가장 풍부하게 넘쳐흐른다."

모차르트의 말처럼 산책은 작곡가들에게 영감을 공급하는 원천이기도 했습니다. 올리비아 핫세의 청순한 이미지가 인상적이었던 영화 〈로미오와 줄리엣〉의 아름다운 주제가도 바로 산책을 통해 탄생했지요. 연출을 맡은 프랑크 제피렐리 감독이 음악을 맡은 니노 로타_{Nino Rota}와 함께 산책에 나서 영화의 이모저모를 설명하였고, 이를 들은 로타가 갑자기 영감을 얻어 길에서 흥얼거린 선율이 주제가가 되었던 것입니다.

자, 이만하면 즐거움 정도가 아니라 마법의 주문처럼 헤어나기 힘든 산책의 매력에 흠뻑 빠지셨을 것입니다. 해마다 새해가 되면 반드시 실천하리라며 이런저런 결심을 떠올리기 마련인데요. 올해는 우리 모두 날마다 산책을 하기로 결심하면 어떨까요? 서로 걷다가 마주치면 반갑게 웃으며 다정한 인사를 건네 보기로 하시지요. "안녕하세요? 참 날씨가 좋지요?" 이렇게 말입니다. 혹시 제가 알아보지 못하고 무심코 지나친다면 무언가 골똘히 생각하며 사색에 빠진 걸로 이해해주시기 바랍니다. 🎼

그는 시냇물이 아니라 바다였다

요한 제바스티안 바흐

〈브란덴부르크 협주곡 2번〉을 아십니까? 태양계 밖에 있을지도 모를 미지의 존재들에게 인류를 알리기 위해 우주 탐사선 보이저 2호에 실린 요한 제바스티안 바흐_{Johann Sebastian Bach}의 곡이지요. 바그너는 바흐를 일컬어 "음악사를 통틀어 가장 놀라운 기적"이라고 말했습니다. 독일어로 '바흐'는 시냇물이라는 뜻도 있는데, 이를 두고 베토벤은 "바흐는 시냇물이 아니라 바다이다"라고 말하기도 했지요. 그만큼 바흐가 남긴 업적과 후대에 미친 영향이 크기에 아무도 그와 견줄 수 없다는 말이기도 하고, 또는 그것들이 너무나 위대해 도저히 한 사람이 이루어낸 것이라고는 믿기 힘들다는 말이기도 합니다. 이것은 바흐가 남긴 작품의 수와 양만 놓고 보더라도 실감할 수 있습니다. 바흐 협회가 바흐의 작품을 모아 60권으로 출판하기까지 46년이 걸렸습니다. 그렇게 정리된 작품의 수만 헤아려도 1,000곡이 넘지만 버려지고 잊혀서 찾을 수 없는 작품들이 얼마인지는 가늠할 수조차 없으니, 그의 업적을 기적이라 해도 전혀 과장이 아닌 것입니다.

현존하는 모든 종교음악들 가운데 최고로 일컬어지는 〈마태수난곡〉

은 작곡가 펠릭스 멘델스존Felix Mendelssohn-Bartholdy에게 발견되어 세상에 알려졌고 그로 말미암아 바흐의 존재도 사람들의 주목을 받기 시작했습니다. 지금껏 첼로를 위해 만들어진 모든 곡들 가운데 으뜸으로 꼽히는 바흐의 〈무반주 첼로 모음곡〉 역시 첼리스트 파블로 카살스Pablo Casals가 찾아내기 전에는 이 세상에 존재하지 않는 것이나 다름없었습니다. 이처럼 우리가 모르는 채 어딘가에 묻혀 있을 바흐의 놀라운 작품이 얼마나 더 많을지를 생각하면 아쉬울 따름입니다.

더욱 놀라운 것은 작곡이 바흐에게 부여된 일상에서 '일부'였다는 사실입니다. 그는 오르간과 다른 악기를 연주하고 성가대와 악단을 지휘해야 했으며 이와 관련된 행정도 맡고 있었습니다. 이 외에 학생들도 가르쳐야 했는데 음악만이 아니라 라틴어까지도 그의 몫이었지요. 이처럼 바쁜 바흐에게 작곡은 일터에서 집으로 돌아온 다음에야 가능했을 테고 그러다 보면 날마다 촛불 아래서 밤을 지새웠을 것입니다. 그래서인지 바흐는 50살이 넘어 백내장을 앓았고 수술의 후유증으로 실명한 뒤 결국은 그로 인해 세상을 떠났습니다.

이처럼 바흐가 음악사에 큰 족적을 남길 수 있었던 까닭으로 천부적인 재능을 먼저 꼽을 수 있고, 다음으로 누구와도 비교할 수 없는 근면하고 성실한 자세를 빼놓을 수 없습니다. 그렇다면 그토록 위대한 업적을 있게 한 재능과 능력은 어디서 온 것일까요? 바흐가 지녔던 음악적 재능

의 뿌리는 그의 혈통에서 찾을 수 있습니다. 사실 그의 가문은 200여 년에 걸쳐 50명 이상의 음악가를 배출한 음악 명문가였지요. 이는 가업을 중시하던 당시의 상황을 감안하더라도 무척이나 드문 경우여서 오늘날에도 학자들의 관심을 받고 있습니다.

가계의 6대를 살펴보면 음악가가 아닌 사람을 찾는 것이 쉽지 않을 정도입니다. 제과업자이면서 치터Zither 현악기의 일종를 연주했던 파이트 바흐 이후, 바흐 가문은 중부 독일의 튀링겐에 정착했습니다. 파이트 바흐의 장남이자 요한 제바스티안 바흐의 증조부인 요하네스는 바이마르 거리의 악사로서 그 이름은 이웃 고장에까지 알려질 정도였지요. 그의 장남인 요한은 바흐 가문 최초의 작곡가로 알려져 있으며 지금까지 3곡의 작품이 전해지고 있습니다. 요한의 동생 크리스토프가 바흐의 조부로서 그는 악사로 활약했으며, 이들의 동생인 하인리히의 칸타타 한 곡이 지금도 남아 있습니다. 한편 하인리히의 장남인 요한 크리스토프는 교회의 오르간 연주자였고 작곡가로서도 많은 작품을 남겼지요. 그의 동생 미하엘도 음악가였으며 그의 막내딸 마리아 바르바라는 바흐의 첫 번째 아내이기도 합니다. 요한 세바스찬 바흐의 조부 크리스토프는 세 아들이 있었습니다. 장남 게오르크 크리스토프는 바흐 가문에서는 처음으로 칸토르교회 합창단장라는 높은 지위에 올랐습니다. 그의 동생들인 요한 크리스토프와 요한 암브로지우스는 일란성 쌍둥이로서 모두 악사가 되었지요. 암브로지우스의 막내아들이 바로 요한 제바스티안 바흐입니다.

바흐에게는 20명의 자녀가 있었는데 첫 번째 부인 마리아 바르바라에게서 7명을, 그녀가 죽은 뒤 재혼한 두 번째 부인 안나 막달레나에게서 13명을 얻었습니다. 그중 절반은 어려서 잃었고 나머지는 대부분 음악가로 성장하였지요. 특히 장남인 빌헬름 프리데만과 차남인 카를 필립 에마누엘 그리고 막내 요한 크리스티안은 음악사에 찬란한 업적을 남겼습니다. 에마누엘은 '함부르크의 바흐' 혹은 '베를린의 바흐', 크리스티안은 '밀라노의 바흐' 혹은 '런던의 바흐'로 불릴 정도로 유럽 전역에서 활약했습니다. 아버지 바흐가 집대성한 바로크 음악을 하이든과 모차르트가 계승하여 고전주의 시대를 열 수 있도록 큰 역할을 한 것입니다.

신약성서의 첫 번째 장인 마태복음을 열면 아브라함에서 시작하여 예수까지 이어지는 길고 긴 족보가 한 사람도 빠짐없이 나열되며 펼쳐지는 것을 볼 수 있습니다. 이처럼 신의 뜻조차도 세대가 끊이지 않고 이어진 다음에야 이 땅에서 이루어질 수 있는데, 하물며 사람의 일이야 무슨 말을 하겠습니까? 우리가 앞선 세대로부터 물려받은 것들이 무엇인지, 그 가운데 무엇을 잘 닦고 가다듬어 후손에게 물려줘야 할 것인지 생각하고 또 생각해야 할 때입니다. 그런 고민과 노력이 오랜 세월 동안 거듭된 다음에야 우리도 삶에서 바흐와 같은 기적을 낳을 수 있을 것입니다. 🎼

브루크너의 〈교향곡 4번〉

얼마나 오랫동안 클래식 음악을 들어야 어느 곡을 들었을 때 단박에 누구의 곡인지를 알 수 있을지 궁금하다는 분들이 있습니다. 또한 도대체 얼마나 많이 들어야 지금 흐르는 음악이 전체 형식에서 어떤 부분인지 짐작할 수 있는 건지 몰라 답답하다는 분들도 있지요. 그런데 사실 작곡가들은 곡을 만들 때 음악의 구조와 형식이 쉽게 드러나지 않도록 하는 편이며 심지어는 일부러 속이려 드는 경우까지도 있습니다. 그래야 뭔가 더 특별하다는 인상을 주면서 인정받을 거라는 생각을 하기 때문입니다. 그게 또한 작곡하는 재미이기도 하겠지요.

낭만주의 시대가 막바지에 이르렀을 무렵, 작곡가들의 이런 성향을 벗어난 괴짜 한 명이 등장했습니다. 바로 안톤 요제프 브루크너Anton Josef Bruckner입니다. 그가 작곡한 거의 모든 교향곡 1악장의 제1주제는 현의 트레몰로 위에서 장엄한 선율을 펼치고 있어, 후대 사람들은 이를 두고 '브루크너 개시'라고 부르고 있지요. 트레몰로는 같은 음을 짧게 수없이 반복해서 연주하는 것을 일컫습니다. 각각의 주제와 주제, 부분과 부분 사이에는 긴 휴지부를 두어 확실하게 구분 짓는가 하면, 주제에는 종종

셋잇단음을 사용하는 경우가 많아 이를 두고 각각 '브루크너 휴지'와 '브루크너 리듬'이라 부르기도 합니다.

브루크너의 교향곡에서는 제시부의 주제뿐만 아니라 전개부의 처리도 이전과는 확연히 다른데, 동기를 발전시키는 것이 아니라 각각의 주제를 대위적이고 입체적으로 엮어가며 정점에 이르도록 하는 것이 그렇습니다. 대부분의 다른 작곡가들이 원래의 주제를 얼마나 많이 바꿀 수 있는지에 대해 골몰하고 있을 때, 오히려 브루크너는 원래 있는 것을 이렇게 저렇게 바꿔 놓는 정도에서 크게 벗어나려 하지 않았다는 것입니다. 또 다른 특징이라면 교회에서 오르간 연주자로 활동했던 경력답게, 관악기들의 소리가 마치 파이프 오르간의 울림처럼 들리도록 했다는 것도 빼놓을 수가 없습니다. 그러니 이 정도만 알고 몇 번 들어보면 어느 곡을 들었을 때 최소한 그것이 브루크너의 곡인지 아닌지는 쉽게 구분할 수 있습니다. 그리고 음악이 흐르다가 멈추면 다음 주제나 부분으로 넘어간다는 것도 쉽게 알아차릴 수 있지요.

슈베르트가 있긴 했지만 그래도 음악사를 통틀어 브루크너만큼 순진하고 고지식하며 소심했던 작곡가는 없을 겁니다. 그는 한마디로 독일 낭만주의 그 자체였습니다. 현실에서 사는 사람이 아니었던 것이지요. 오스트리아 린츠의 독실한 가톨릭 교육자 집안에서 태어난 그는 처음에는 교사가 되었지만 곧 음악가의 길을 걷기로 결심합니다. 그리고 작곡가가 되기 전까지 오르간 주자로 명성을 떨쳤습니다. 린츠 성당의 오르간 연주자로 일하면서 작곡을 배웠던 브루크너는 이후 건강상의 이유로 사직할 때까지 빈 국립음악원 교수로 재직했습니다. 평생을 독신으로 살며 음악과 종교에만 몰두했지요. 작곡가로서 그의 진가는 독일이나 오스트리아에서는 비교적 일찍부터 인정받은 셈이지만 다른 나라에서는 제2차 세계대전이 발발할 즈음에야 조금씩 알려지게 되었습니다. 그만큼 브루크너의 음악이 가톨릭 색채를 띠고 있으며 오르간 특유의 분위기가 강해 이 범주를 벗어난 문화권에서는 쉽게 받아들여지기가 힘들었을 것입니다.

많은 작곡가들이 있지만 브루크너만큼 자신의 교향곡을 고치고 또 고친 경우는 없습니다. 그는 곡을 완성하면 고치고 또 고치는 작곡가였습니다. 그러니 그의 교향곡은 작곡이 끝난 다음 바로 연주되는 일이 거의 없었습니다. 일단 완성된 악보는 책상 위에 버려져 있거나 서랍 속에 처박혀 있다가 나중에서야 다듬어져 연주되는 것이 보통이었지요. 게다가 작곡자 자신은 물론이고 심지어는 연주를 맡은 지휘자들까지 원래의 작품을 생략하거나 개정하는 경우가 종종 있는데, 브루크너의 경우에도 그가 죽은 뒤에 오레르, 하스, 노바크 등이 남겨진 교향곡 필사본을 연구하여 각각 다른 악보로 출판했습니다. 그렇기 때문에 브루크너의 작품을 보면 원래의 모습으로 남은 곡이 하나도 없습니다. 그러니 그의 교향곡을 들을 때는 어떤 악보로 연주하였는지를 미리 알아두는 것이 중요할 수밖에 없지요.

'낭만적'이라는 부제를 지닌 〈교향곡 4번〉은 앞서 말했던 브루크너만의 독특하고 전형적인 음악 어법들이 처음으로 확립되어 나타난 작품으로, 그의 교향곡을 통틀어 유일하게 작곡자 스스로 제목을 붙인 곡이기도 합니다. 단조로 일관되어 종교적인 색채가 강했던 이전 교향곡들과는 달리, 처음으로 장조의 조성을 가진 이 교향곡은 여러 가지 면에서 이전 작품들과는 구분되는 면모를 드러내고 있습니다. 우선 삶의 밝은 면을 이야기하려는 듯 긍정적인 시각을 나타내고 있으며, 대위법의 사용도 전보다 더 정교해지면서 훨씬 더 성숙한 경지를 보여주고 있지요. 또한 신앙을 고백하는 듯했던 전작과는 달리, 독일의 울창한 숲속에서 느낄 수 있는 자연에 대한 경이로운 감정을 표현하고 있습니다. 훨씬 더 인간적이면서도 제목 그대로 낭만적인 작품입니다.

'약동하듯이, 너무 빠르지 않게'라는 지시어가 붙은 1악장은 소나타 형식이지만 두 개가 아니라 세 개의 주제로 이루어져 있습니다. 먼저 현의 신비로운 트레몰로 사이로 호른이 서서히 떠오르는 듯이 울리면 목관이 이를 받아 연주하다가 점차 웅장한 금관 합주가 진행됩니다. 바로 이 금관 합주가 제1주제로 그 이전까지는 서주에 해당하지요. 작곡가 자신이 언급했듯이 이 서주 부분은 동이 터오는 중세의 새벽을 보는 것 같은 느낌을 줍니다. 바로크 음악의 느낌을 주는 제2주제와 금관악기의 팡파르로 시작되는 제3주제가 이어지면서 흐름은 점점 더 탄력을 받게 됩니다.

2악장의 지시는 풀어 쓰자면 '알레그레토에 가까운 안단테'입니다. 느리지만 좀 더 빠른 느낌으로 연주하라는 것이지요. 2악장은 전원적인 느낌의 느린 악장이라 처음 들을 때는 다소 밋밋하고 지루할 수 있지만 들을수록 점점 더 빠져들게 되는 매력적인 부분입니다. 마치 브루크너 자신의 인간성이 그러하듯이 순수하며 가식 없는 자연의 아름다움이 느껴진다고 할까요.

한편 3악장은 '약동하듯이'라는 지시어가 붙어 있습니다. 이 부분은 '사냥의 스케르초'라는 별명을 가지고 있는데, 이것은 현의 트레몰로에 이끌려 등장하는 호른이 사냥 나팔을 연상하게 만들기 때문입니다. 또한 3악장은 브루크너의 모든 교향곡 가운데서도 리듬이나 악상 면에서 대단히 독특하고 매력적인 대목입니다. 스케르초에 따라 나오는 트리오 부분에는 '너무 빠르지 않게, 어떤 상황에서도 질질 끌지 말 것'이라고 쓰여 있습니다. 그리고 한가로운 민속춤의 느낌을 주다가 다시 스케르초 부분으로 돌아가서 끝을 맺지요.

'약동하듯이, 그러나 너무 빠르지 않게'라고 적힌 4악장은 장중하고 역동적인 금관악기들의 합주 사이에 춤곡인 폴카 선율이 나타나면서 긴장을 풀어줍니다. 오르간과 같은 금관의 음향은 브루크너 교향곡의 또

다른 특징이라 할 수 있는데 여기에 잘 드러나 있지요. 마지막에는 1악장 서주의 주제가 다시 등장함으로써 전체를 하나의 흐름으로 모아주고 있습니다.

이처럼 브루크너의 〈교향곡 4번〉에는 낭만주의의 고향이라고 할 수 있는 독일 특유의 분위기가 그대로 드러납니다. 때 묻지 않아 감출 것이 없고 감출 줄도 모르며, 하나에 매달리면 다른 것은 보이지도 들리지도 않는 것이 낭만입니다. 그래서 아프고 힘들더라도 그것을 고스란히 품어 내며 눈물 흘리는 것이 또한 낭만이지요. 수줍지만 부끄럽지 않고 바람에 마구 흔들리다 쓰러져도 바람을 탓하지 않는 그런 마음 말입니다. 지금으로부터 아주 멀지 않은 옛날, 우리도 잘 아는 어떤 나라에 진정한 낭만을 아는 멋쟁이가 살았는데 그의 이름은 브루크너였다고 합니다. 🎼

차이콥스키와 폰 메크 부인

서양음악사를 통틀어 작곡가와 후원자 사이에 각별했던 관계를 꼽으라면 바그너와 루드비히 2세 그리고 차이콥스키와 폰 메크 부인이 가장 대표적일 것입니다. 그런데 후자의 경우 그 시작과 끝은 물론이고, 13년이나 이어진 두 사람의 관계에 기이한 점들이 많아 아직도 그에 대한 추측이 난무한 것이 사실입니다.

1876년 12월, 차이콥스키는 어느 귀부인으로부터 편지를 받았습니다. 차이콥스키가 작곡한 오케스트라를 위한 곡들 가운데 몇 곡을 골라 일반 저택에서도 연주할 수 있도록 바이올린과 피아노를 위한 곡으로 고쳐달라는 것이었지요. 당시 경제적으로 몹시 궁핍했던 차이콥스키는 즉시 귀부인의 요구를 들어주었고 그 대가로 파격적인 보수를 받게 됩니다. 그 귀부인이 바로 폰 메크 부인입니다. 이렇게 시작된 차이콥스키와 폰 메크 부인과의 교류는 13년이나 지속되었고, 그 시간 동안 차이콥스키는 경제적인 문제로부터 완전히 해방되어 창작에만 몰두할 수 있었습니다. 실제로 차이콥스키의 걸작들 대부분은 이 기간에 쏟아져 나왔습니다.

　그런데 두 사람의 관계가 사람들의 관심을 끈 지점은 13년이라는 세월도, 해마다 지불된 6,000루블이라는 거액도 아니었습니다. 이렇게 오랜 기간 동안 큰 금액을 내놓으면서도 폰 메크 부인이 전혀 그 대가를 바라지 않았을 뿐만 아니라, 두 사람이 단 한 번도 직접 만나 얼굴을 마주한 일이 없었다는 것이 관심의 초점이었지요. 그런데 사실 두 사람은 만나지는 않았어도 13년 동안 무려 1,100여 통이나 되는 서신을 주고받았습니다. 그 내용을 살펴보면 단순히 예술가와 후원자 사이의 사연을 뛰어 넘어 연인들 사이에서 오고 갈 법한 이야기들이 적혀 있습니다. 그렇다면 다시 두 가지 의문이 남게 됩니다. 이성으로 서로를 좋아했다면 왜 만나지 않고 편지만 주고받은 것일까요? 그리고 불가항력의 장벽이 있는 것도 아닌데, 정말 그 긴 시간 동안 한 차례도 서로 마주치지 않았다는 것이 사실일까요?

　두 번째 의문에 대한 답부터 말한다면 두 사람은 몇 차례 마주친 일이 있다고 합니다. 그런데 그 역시 평범한 상황은 아니었던 것 같습니다. 즉 의도적으로 서로 가까운 곳에 머물기로 하고, 어차피 겹칠 수밖에 없는 공간을 오고 가면서 서로의 안부를 확인했던 것입니다. 그 공간이 멀리 파리나 피렌체일 때도 있었지만 러시아 안의 또 다른 장소일 때도 있었다고 합니다. 만나지는 않아도 편지를 든 심부름꾼이 오갈 수 있도록 멀지 않은 곳에 각자의 숙소를 정했고, 심지어는 서로 부딪히는 일이 없도록 상대편의 일과를 미리 확인해 두기도 했습니다. 결과적으로 그렇게 가까운 공간 안에서라면 결국 두 사람은 마주칠 수밖에 없었을 것입니다. 그렇게 마주쳤을 때 소심한 차이콥스키는 모자를 손에 들고 꼼짝 않고 서 있었고, 마차에 타고 있던 폰 메크 부인은 지독한 근시였음에도 그의 존재를 확인하고는 미소를 지으며 은근히 기뻐하는 눈치였다고 하지요.

다음으로 첫 번째 의문에 대한 답을 하려면 먼저 폰 메크 부인이 누구인지 알아야 합니다. 차이콥스키를 처음 알게 되었을 때 부인의 나이는 45세였고 12명의 자녀와 그보다 많은 손주들을 두고 있었습니다. 열 살이나 연상인 철도 공무원 카를 피오드르비치와 결혼했을 때 그녀는 겨우 열일곱 살이었습니다. 몰락한 귀족 가문으로 시집간 그녀는 철도 사업을 하도록 남편을 설득했고 그것이 성공을 거두어 큰 재산을 모을 수 있었습니다. 그 결과 물질적인 풍요를 누릴 수 있게 되었고 몰락한 가문도 일으켰지만, 어린 나이에 일찌감치 접어야 했던 달콤한 사랑에 대한 환상은 버릴 수가 없었던 것입니다. 그래서 젊은 기술자 알렉산드르 요르신과 사랑을 나누게 되었고 그 사이에 두 딸까지 두었지만 그것이 정신적인 사랑까지 채워주지는 못했던 모양입니다.

이런 배경을 지닌 폰 메크 부인에게 있어 수려한 용모와 섬세한 감수성을 지닌 차이콥스키는 어쩌면 이상적인 연인이었을지도 모릅니다. 당시 37세인 차이콥스키는 아직 미혼이었고 경제적 기반이 없는 전도유

망한 작곡가였으니, 예술적인 성취를 도와가면서 지적인 욕구도 채울 수 있는 상대였을 것입니다. 또한 이런 상대와 정신적인 교감을 나누는 데는 직접 만나는 것보다 편지가 더 좋은 수단이었을 거라 짐작할 수 있습니다.

폰 메크 부인을 알게 되고 얼마 후 차이콥스키에게 엄청난 시련이 찾아왔습니다. 그는 모스크바 음악원의 제자였던 28세의 여성 안토니나 밀류코바의 열렬한 구애를 받게 되었고 망설이던 끝에 그 사랑을 받아들이기로 결심합니다. 그러나 결혼 생활은 오래가지 못했습니다. 충격을 이기지 못한 차이콥스키는 강물에 뛰어들어 자살을 시도했지만 그마저도 실패로 끝나고 말았지요. 이후 그는 절망의 나락으로 빠져들어 무의미한 나날을 보내다 주위 사람들의 권유로 스위스와 이탈리아로 떠나게 됩니다. 이때 폰 메크 부인은 차이콥스키를 알게 된 지 얼마 되지 않은 상황에서도 이탈리아 여행을 위한 경비를 지원했을 뿐만 아니라, 그때까지 그를 압박하던 부채까지도 해결해 주었습니다. 만약 폰 메크 부인의 지원이 없었다면 차이콥스키의 여행은 불가능했을 것이고 그랬다면 남은 생애와 창작 활동은 엉망이 되었을 것입니다. 그래서인지 차이콥스키는 이탈리아에서 완성한 〈교향곡 4번〉을 감사의 마음을 담아 폰 메크 부인에게 바쳤고 이후에도 많은 작품을 부인에게 헌정했습니다.

처음부터 폰 메크 부인이 먼저 시작한 일이니 당연한 것이지만 두 사람의 감정 표현에 있어서도 부인이 더 적극적이었습니다. 차이콥스키의 성격 자체가 원래 내성적이고 소극적이기도 했지만 그의 입장에서는 부인의 호의가 부담이 되지 않을 수 없었을 것이고, 그것이 어떤 식으로든 그를 움츠러들게 만들었을 것입니다. 시간이 지나면서 폰 메크 부인은 두 사람이 직접 만나지 못하는 것에 갈증을 느끼기 시작했습니다. 이를 조금이나마 해소하기 위해 요르신과의 사이에서 낳은 딸을 차이콥스키에게 보내 대신 만나게 할 생각이었지만 차이콥스키는 정중하게 거절했습니다. 그러나 폰 메크 부인의 집요한 일념은 결국 다음 세대에 이르러 결실을 보게 됩니다. 부인은 자신의 아들과 차이콥스키의 조카딸을 결혼시키자는 제안을 했고 그것이 성사되어 1881년 1월, 부인의 아들 니콜라이 폰 메크는 차이콥스키가 가장 사랑하는 여동생의 딸 안나 리보브나 다비드바와 결혼식을 올렸습니다.

이처럼 그들이 함께 한 13년의 세월은 낭만적이었지만 그 끝은 너무나도 어처구니가 없었습니다. 어느 날 폰 메크 부인은 서신을 보내 재정상의 파탄으로 더 이상의 후원은 불가능하니 이제 관계를 끝내자고 말했고 그 이후로 정말 일체의 연락을 끊어버렸습니다. 편지를 받자마자 차이콥스키는 자신의 사랑이 금전적인 지원과는 무관한 것임을 강조하는 답장을 써서 보냈음에도 부인은 묵묵부답일 뿐이었습니다. 그런데 얼마 후 차이콥스키는 부인의 재정 상태가 이전과 다름없다는 것을 알게 되었고 이에 엄청난 배신감을 느끼지 않을 수 없었지요.

그렇다면 폰 메크 부인이 이처럼 갑작스럽게 관계를 청산했던 이유는 무엇이었을까요? 많은 사람들이 갖가지 추측을 해왔지만 정확한 이유는 지금까지도 알려져 있지 않습니다. 혹자는 폰 메크 부인이 차이콥스키가 동성애자라는 사실을 알게 되었기 때문이라고 하고, 또 다른 이는 차이콥스키에 대한 주변의 중상모략 때문이라고 하지만 그 어느 것도 확실하지 않습니다. 더러는 부인이 불치병에 걸린 아들 블라디미르를 간호하면서 이전에 미처 아들에게 정성을 쏟지 못한 죄책감에서 결별을 결심했다고 하고, 누군가는 말년에 병마에 시달렸던 폰 메크 부인이 편안한 임종을 위해 그렇게 했을 것이라는 주장을 펴기도 합니다.

폰 메크 부인과 결별할 당시, 다행히도 차이콥스키는 작곡가로서 절정의 성공을 누리고 있었고 러시아 정부로부터 매년 1,000루블의 연금도 약속받은 상태였습니다. 그럼에도 어찌됐든 차이콥스키의 생애와 업적에서 폰 메크 부인이 중요한 역할을 했다는 것은 부인할 수 없을 것입니다. 인간으로서 가장 고통스러웠고 예술가로서는 가장 어려웠던 시점에 폰 메크 부인이 손길을 내밀었고, 그로 말미암아 차이콥스키가 삶의 시련을 이겨낼 수 있었기 때문입니다. 비록 갑작스럽고 허무한 끝이었지만, 예술을 사랑하고 서로를 생각했던 그들의 마음은 차이콥스키의 위대한 음악에 오롯이 담겨 오늘날까지 우리의 귓가에 맴돌고 있습니다.

당신이 받게 되는 사랑은 당신이 베푼 사랑과 같다

비틀스 그리고 애비로드

몇 년 전, 음반 제작사인 EMI가 런던의 한 스튜디오 건물을 매각한다고 해서 세계의 이목이 쏠린 적이 있습니다. '애비로드'라는 거리에 있는 이 스튜디오는 비틀스가 해산하기 직전에 마지막 음반을 녹음한 곳으로 유명합니다. 비틀스의 마지막 음반이라고 하면 흔히들 〈렛 잇 비Let It Be〉로 알고 있지만 실제로는 그렇지 않습니다. 〈렛 잇 비〉가 먼저 만들어졌음에도 더 늦게 발매된 바람에 그렇게들 알고 있는 것입니다. 애비로드의 스튜디오에서 작업한 마지막 음반의 이름은 스튜디오가 위치한 거리의 이름을 따서 〈애비로드Abbey Road〉가 되었고, 비틀스 멤버들이 나란히 줄지어 애비로드의 횡단보도를 건너는 사진이 음반 재킷의 표지를 장식했습니다. 이후 이 사진은 비틀스를 상징하는 이미지 중 하나로 자리 잡게 되었고, 덕분에 애비로드는 비틀스를 사랑하는 모든 이들에게 성지와도 같은 장소로 각인되어 현재 런던의 대표적인 관광 명소로 사랑받고 있습니다. 비틀스의 열성팬 중에는 애비로드가 좋아 그곳에서 사는 경우도 없지 않은데, 아시아인 최초로 리즈국제피아노콩쿠르에서 우승하며 우리나라를 대표하는 젊은 피아니스트로 자리매김한 김선욱 역시 같은 이유로 한때 애비로드에 살았지요.

스튜디오 매각 소식이 알려지면서 비틀스 팬들은 물론이고 음악을 사랑하고 예술을 아끼는 전 세계의 많은 사람들이 안타까워하며 반대의 뜻을 표했고, 급기야 폴 매카트니Paul McCartney까지 나서서 스튜디오 건물을 보존해줄 것을 호소했습니다. 다행히 위기에 처한 자연환경과 문화유산을 보존하는 민간단체인 내셔널 트러스트가 건물의 매입 의사를 밝혔고, 이후 EMI가 매각 의사를 철회하면서 제3자의 도움을 받아 건물을 보수하고 보존하는 쪽으로 정리되었습니다.

애비로드와 관련된 일련의 소식을 접하면서 음반 시장의 불황이 이 정도로 심각한가 싶어 서글프기도 했지만, 다른 한편으로는 애비로드를 지켜낸 그들이 한없이 부러워 우리의 처지를 돌아보지 않을 수 없었습니다. 우리에게도 분명 기억하고 자랑할 만한, 그래서 보존하고 전승해야 할 많은 흔적과 자취들이 도처에 있을 텐데, 이를 찾아서 길이 지키고 널리 알리려는 노력이 얼마나 있었는지를 생각하면 절로 한숨이 나올 뿐입니다. 국가와 정부가 나서서 대단한 유적과 유물을 보존하는 것도 필요하지만, 크고 작은 단체들이 뜻을 모아 특별한 의미와 이야기가 있는 이런저런 것들을 정성껏 가꾸려는 시도가 지금보다 훨씬 더 많으면 좋겠다는 생각이 듭니다.

성악을 전공한 제 여동생이 특별히 아끼는 바지가 하나 있습니다.

낡고 색이 바래 보잘것없는 면바지이지만 입을 때마다 사람들에게 자랑을 늘어놓곤 합니다. 영국의 전설적인 첼리스트 자클린 뒤 프레Jacqueline Du Pre가 생전에 입던 바지라고 말입니다. 유학 시절 뒤 프레의 지인으로부터 물려받았다고 하는데, 이처럼 예술가는 떠나도 그가 손을 댔던 사소한 물건 하나조차 때로는 감동을 전해주나 봅니다.

몇 년 전 삼성동에 위치한 공연장 올림푸스홀이 개관할 당시, 그곳에 스타인웨이 피아노를 들여놓는다기에 마침 한국에 들어와 있던 김선욱에게 골라달라고 부탁한 적이 있습니다. 어차피 같은 회사에서 만든 같은 종류의 피아노 두 대 중 하나를 선택하는 일인데 김선욱이 아니라 누가 한들 크게 달랐겠습니까. 다만 시간이 지나도 사라지지 않는 흔적을 남기고 싶었고 이야기를 만들고 싶었을 뿐입니다. 그랬기에 그저 '스타인웨이 콘서트용 풀 사이즈 피아노'가 아닌, 몇 월 며칠 어느 곳에서 김선욱이 살펴보고 만져본 다음 나름의 생각에서 고른 피아노라면 더욱 좋을 것 같다는 생각이 들었던 것이지요. 세월이 한참 흘러 김선욱이 지금보다 더욱 이름을 떨쳐 보다 많은 사람들로부터 사랑을 받게 될 즈음에는, 이 피아노를 보겠다고 일부러 찾아오는 사람이 있을지도 모르겠습니다.

〈애비로드〉에 수록된 실질적인 마지막 곡은 〈디 엔드The End〉입니다. 물론 음반에는 이 곡 다음에 〈허 매저스티Her Majesty〉가 마지막 곡으로 들어가 있지만 이는 편집 과정에서 그렇게 변경된 것입니다. 〈디 엔드〉는 제목부터가 마지막을 암시하고 있는데다 음악적으로도 이전과는 전혀 다른 모습을 보여주고 있습니다. 링고 스타_{Ringo Starr}의 솔로 드럼 연주가 들어가 있는 점도 처음이자 마지막이며, 폴 매카트니와 조지 해리슨 George Harrison, 존 레넌 John Lennon의 기타 연주가 차례로 들어가 있는 것도 마찬가지입니다. 특히 "And in the end, the love you take is equal to the love you make"라는 가사로 끝나는 마지막 부분은 언제 들어도 감동적입니다. 결국 당신이 받게 되는 사랑은 당신이 베푼 사랑과 같다는 뜻이지요. 애비로드를 살려낸 비틀스에 대한 그 많은 사랑이 언젠가는 꼭 그만큼의 감동으로 돌아오리라 믿습니다. 🎼

때로는 그 같은 넉넉함이 필요합니다

비올리스트들의 쉼터,
비올라 조크

열 살 난 꼬마 소녀 앨리스가 학교에서 돌아와서 어머니에게 말했습니다. "엄마, 음악 선생님이 내게 비올라를 가르쳐 주신대요. 정말 신나겠지요?" 그러자 앨리스의 어머니가 말했습니다. "정말 좋겠구나. 열심히 하려무나." 다음 날 학교에서 돌아온 앨리스는 전날보다 더욱 흥분해서 이렇게 말했습니다. "엄마, 선생님께서 C선 첫 번째 손가락 위치에서 연주할 수 있는 4개의 음을 가르쳐주셨어요!" 이 말을 들은 어머니가 대꾸했습니다. "참 장하구나. 저녁 먹게 손 씻고 오너라." 그리고 다음 날, 역시 흥분해서 돌아온 앨리스는 이렇게 자랑했습니다. "엄마, 오늘은 선생님께서 G선 첫 번째 손가락 위치에서 연주할 수 있는 음 4개를 가르쳐 주셨다니까요!" 이렇게 나흘이 지나고 닷새째 되는 날, 학교에서 돌아올 시간이 훨씬 지났는데도 앨리스가 나타나지 않았습니다. 걱정이 된 어머니는 친구들에게 전화를 했지만 행방을 아는 친구가 아무도 없었습니다. 결국은 경찰에까지 신고를 하고 초조하게 기다리고 있는데 한밤중에 앨리스가 집으로 돌아왔습니다. 도대체 어디에 있었냐고 다그치는 어머니에게 앨리스는 지친 얼굴로 이렇게 대답했습니다.

"갑자기 오케스트라에서 객원 연주자로 불러서 연주를 하고 왔어요."

한편 자신의 목숨을 던져 남을 구한 어떤 남자가 있었습니다. 그를 어여삐 여긴 신이 나타나 세 가지 소원을 들어줄 테니 말하라고 했습니다. 잠시 고민하던 그는 돈이 아주 많으면 좋겠고, 평생 미인들에게 둘러싸여 그들의 시중을 받으며 살면 원이 없겠다고 말했지요, 그리고 사람으로 태어나 놀고먹을 수만은 없으니 별로 힘들지 않으면서 남들 보기에 그럴듯한 직업이 있으면 더 바랄 것이 없겠다는 말을 덧붙였습니다. 말이 끝나기 무섭게 잠시 정신을 잃는 듯싶었는데, 눈을 뜬 남자는 호화로운 저택의 수영장에서 미인들과 함께 물놀이를 하고 있는 자신을 발견했습니다. 정말로 소원이 이루어졌다며 좋아하고 있는데 갑자기 집사가 와서 그에게 근사한 옷을 입힌 뒤 멋진 차에 태워 어디론가 데려가는 것이었습니다. 그렇게 도착한 곳은 어느 오케스트라의 연습실이었고 그가 앉은 자리는 비올라 파트의 자리였다고 합니다.

위의 두 이야기는 비올라와 비올라 연주자들에 대한 우스갯소리로, '비올라 조크viola joke'라는 웹사이트에 올라와 있는 수많은 유머들 중 하나입니다. 첫 번째 이야기는 비올라를 배운 지 며칠 안 된 소녀가 오케스트라 객원 연주자로 불려갈 만큼 비올라 연주를 아무나 할 수 있다는 유머이고, 두 번째 이야기는 비올라 연주자라는 직업이야말로 별로 힘들지 않으면서 남들 보기에 그럴듯한 직업이라는 유머입니다. 다시 말해 그만큼 비올라가 일반인들에게는 생소한 악기라는 것으로, 이를 재미있게 표현한 유머인 셈이지요. 현악기인 비올라는 언뜻 보면 바이올린과 비슷하게 생겼습니다. 바이올린보다 조금 더 크면서 소리는 바이올린보다 낮은 음역을 가지고 있습니다. 연주회장에서 독주 악기로 만나는 일은 드물지만 오케스트라나 실내악에서는 가운데 음역을 맡아 높은 소리와 낮은 소리 사이를 채워주는 역할을 합니다. 그러므로 비올라는 귀에 쏙 들어오거나 눈에 확 띄지는 않지만 결코 없어서는 안 될 중요한 존재라고 할 수 있습니다. 말 그대로 약방의 감초와도 같은 악기이지요.

전문 연주자들과 오랫동안 함께 지내다 보면, 악기의 특성과 그것을 연주하는 사람의 성격이 비슷함을 느끼게 됩니다. 예컨대 바이올린 연주자들은 대체로 예민하고 섬세한 성격의 소유자들이 많은 반면 첼로 연주자들의 상당수는 느긋하고 낙천적인 편입니다. 그런데 그 중간인 비올라 연주자들은 악기의 역할만큼이나 덤덤하고 말수도 적어, 평소에는 눈에 띄지 않지만 없으면 빈자리가 확연히 드러나는 이들이 많습니다. 이들은 스스로를 내세우기보다는 남의 입장을 배려하는 쪽이며 서로 다른 주장들을 가운데서 조정하는 역할에 능숙합니다.

그래서인지 세계적인 현악 사중주단 가운데는 비올라 연주자가 살림을 맡아서 꾸려가는 경우가 많은가 하면, 비올라를 연주하다가 지휘자로 나서는 경우도 드물지 않습니다. 유명한 작곡가들 가운데서 꼽자면 드보르자크가 있습니다. 젊은 시절 비올라 연주자였던 그는 선배 작곡가인 베르드지흐 스메타나Bedřich Smetana가 지휘하는 오페라 극장 오케스트라에 10년을 몸담았는데, 그때 스메타나의 작품들을 연주하면서 많은 영향을 받은 것으로 보입니다. 비올라는 다른 악기에 비해 크게 드러나지 않아 연주에 큰 부담이 없었을 테고 그러니 다른 악기의 소리나 곡 전체의 흐름에 귀 기울이기에도 좋았을 것입니다. 그러고 보니 이와 관련된 조크도 있습니다. 연습을 많이 하다 보면 바이올린 연주자들은 바이올린을 받치는 턱 밑 부분에 멍이 든 것 같은 자국이 생기고 첼로 연주자들은 첼로를 대는 쇄골 아랫부분에 비슷한 자국이 생기는데, 비올라 연주자들은 의외로 무릎 위에 자국이 생긴다는 것입니다. 그 이유는 오케스트라 곡에서 연주하지 않는 부분이 너무 많아 무릎에 오랫동안 악기를 받쳐놓기 때문이라고 합니다.

물론 이는 우스갯소리일 뿐, 실제로는 비올라 연주자들도 악기를 받쳐야 하는 턱 밑에 비슷한 자국이 남기 마련입니다. 그런데 정말로 재미있는 것은, 이렇듯 비올라 연주자를 비하하는 듯한 비올라 조크를 가장 많이 이야기하는 사람들이 바로 비올라 연주자들이라는 것입니다. 또한 이들은 비올라 조크 웹사이트를 만든 사람도 틀림없이 비올라 연주자일 것이라고 생각하지요. 얼핏 생각하기에는 자존심도 없나 싶지만 이들과 오래 지내다 보면 그럴 만하다고 여기게 됩니다. 오히려 비올라 연주자들 특유의 넉넉함과 여유가 부러워지는 것입니다.

　오케스트라에서 최상의 화음이 만들어지기 위해서는 높은 음역대의 바이올린과 낮은 음역대의 첼로가 빚어내는 팽팽한 긴장을 감싸안는 비올라의 넉넉함이 필요합니다. 우리네 삶에도 비올라와 같은 사람들이 조금 더 많아져서 서로 다른 생각과 입장이 부드럽게 맞물린다면 지금보다 더 살기 좋은 세상이 될 수 있지 않을까요.

위로하러 오시니 그 뜻대로 이루어지리라

오라토리오 〈메시아〉

영국의 수도 런던은 '박물관의 도시'라고 할 만합니다. 세계 최대 규모라는 대영박물관을 비롯해 런던탑의 무기박물관 등 '해가 지지 않는 나라'라고 불릴 만큼 번영했던 대영제국의 유산들이 도시 곳곳의 박물관들마다 고스란히 간직되어 있습니다. 그 수가 너무 많다 보니 나름 뜻깊고 색다른 박물관을 찾아 작정하고 둘러보려 해도 깊숙이 숨어 있거나 너무 작아서, 혹은 잘 알려지지 않아서 모르고 지나치는 박물관이 많지요. 파운들링 박물관도 그중 하나가 아닌가 싶습니다. 이 작은 박물관은 대영박물관과 대영도서관 사이에 놓여 있는데다 입장료가 비싸서 대부분의 관광객들은 지나치기 마련이지만, 일단 발을 들여놓으면 영국의 숨은 역사 한 페이지를 발견한 듯한 기쁨과 함께 잔잔한 감동을 맛보게 됩니다.

파운들링 박물관의 전신은 파운들링 호스피탈입니다. '호스피탈'이라고 하니 병원이었나 하겠지만 이것은 런던에 설립된 최초의 고아원입니다. 설립자인 토마스 코람은 신대륙 북아메리카에서 조선업으로 크게 성공했지만 그를 배척하는 청교도들과의 대립으로 1704년에 런던으로 돌아왔습니다. 어느 추운 겨울날, 아침 일찍 런던 시내를 걷던 그는 버려진 아이들이 길거리에서 얼어 죽어가는 모습을 보게 되었고 그제야 도시 빈민들, 특히 어린이들의 비참한 실상을 알고 충격을 받았습니다. 당시의 기록에 따르면 런던에서는 해마다 1,000명이 넘는 신생아들이 길에 버려졌고, 어린이들 가운데 75%는 다섯 살이 되기 전에 세상을 떠났다고 합니다.

그날 이후 코람은 17년 동안이나 끊임없이 도시 어린이들을 구제해야 한다는 탄원서를 국왕에게 올리는 한편, 기부금으로 운영되는 비영리 단체의 설립을 허가해달라고 요청했습니다. 이런 끈질긴 노력 끝에 마침내 1739년, 파운들링 호스피탈이 설립되었고 뜻있는 시민들의 동참이 이어졌습니다. 그중에는 예술가들도 적지 않았습니다. 특히 로코코 시대의 영국을 대표하는 화가 윌리엄 호가스와 뛰어난 작곡가인 게오르그 프리드리히 헨델Georg Friedrich Händel은 코람에게 다른 누구보다 든든한 후원자이자 동지였습니다. 호가스는 동료 화가들에게 작품을 기증하도록 설득했고 그 결과 영국 최초의 공공 미술관이 설립될 수 있었지요. 헨델은 파운들링 호스피탈의 예배당에 오르간을 기증했는가 하면 적지 않은 금액을 유산으로 남기기도 했습니다. 그리고 해마다 자선 음악회를 열어 자신의 곡 〈메시아〉를 연주해 그 수익금으로 고아원을 도왔습니다. 이런 연유에서 지금의 파운들링 박물관 2층에 있는 회의실은 호가스를 비롯한 유명 화가들의 전시실로 바뀌었고, 3층은 헨델을 기념하는 공간으로 꾸며져 그의 악보와 당시의 티켓, 포스터 등을 볼 수 있습니다.

오늘날 헨델이라면 누구나 가장 먼저 오라토리오 〈메시아〉를 떠올리지만, 사실 그는 이를 작곡하기 전 이미 오페라 작곡가로 부와 명성을 얻었습니다. 조국인 독일을 떠나 영국에 자리 잡은 그는 새롭게 내놓는 오페라마다 성공을 거두었지만 라이벌 작곡가 조반니 보논치니Giovanni Bononcini의 등장을 비롯해 서민들 사이에 선풍적인 인기를 끌었던 이른바 '거지 오페라'의 열기로 말미암아 거듭된 실패를 맛보게 됩니다. 이를 만회하고자 스스로를 지나치게 혹사시킨 나머지 뇌졸중으로 쓰러지기도 하였지요. 다행히 가까스로 목숨을 건진 후 오랜 시간 온천욕에 매달려 건강을 회복한 끝에 도전한 작품이 바로 〈메시아〉였고, 이 작품의 성공은 그를 재정적인 파탄과 사회적인 몰락에서 구해냈습니다.

이 작품의 성공을 두고 사람들은 헨델의 흥행사적인 기질과 사업가적인 수완이 빚어낸 결과물이라는 평가를 내리기도 합니다. 오페라와 달리 무대 장치와 의상이 필요 없는 오라토리오는 제작비와 제작기간을 대폭 줄일 수 있다는 장점이 있습니다. 또한 기독교인이면 누구나 아는 성서의 내용을 다루고 있는데다 가사 또한 영어로 되어 있어 누구나 알아들을 수 있지요. 이런 점에서 헨델은 오라토리오가 영국 대중들의 폭넓은 관심을 얻을 수 있다고 판단했고, 이를 바탕으로 승부수를 던진 결과 화려하게 재기할 수 있었다는 것입니다.

그런데 우리가 정말로 놓치지 말아야 할 것은 파산과 죽음이라는 최악의 상황에서 거듭난 한 인간의 초인적인 의지와 그 과정에서 얻어낸 삶에 대한 깨달음입니다. 24일이라는 짧은 기간에 이 대작을 완성했다는 것도 예사롭지 않지만, 작곡을 하는 동안 그 스스로 가사에 담긴 성서의 말씀과 떠오르는 영감에 감동하여 눈물을 흘린 것이 한두 번이 아니었다는 것 또한 확실히 이전과는 다른 모습이니 말입니다. 아마도 그는 죽음의 문턱에서 삶의 참뜻을 깨달았을 테고 그로 말미암아 이러한 대작을 만들어낼 수 있었을 것입니다. 그리고 그 깨달음을 행동으로 옮기고자 파운들링 호스피탈을 도우려고 했고 무엇보다 그를 일깨워준 〈메시아〉를 그 일에 앞장세운 것이지요.

사실 헨델은 동갑내기 작곡가 바흐와 모든 면에서 대조적입니다. 죽을 때까지 태어난 독일을 떠나지 않고 신앙인으로서, 직장인으로서 또 가장으로서 누구보다 경건하고 성실한 삶을 살았던 바흐와는 달리 평생을 독신으로 산 헨델은 일찍부터 독일을 떠나 이탈리아 각지를 다니며 공부했습니다. 이후 독일에서 어렵게 얻은 안정된 직장도 버리고 오페라의 가능성을 좇아 런던으로 간 끝에 부와 명성을 거머쥐게 되었지요. 이처럼 헨델은 늘 바흐와 비교되면서 다소 속물적인 이미지로 평가받을 수밖에 없었습니다. 그러나 거룩하게만 보이는 바흐에게도 물질적 욕구와 음악은 천사들의 스피치라고 불린다.
그것은 사실이다. 그리고 나는
음악은 하나님의 스피치도 된다고 생각한다.

— 찰스 킹스레이

세속적인 성공에 대한 갈망이 있었던 것처럼, 헨델의 삶과 음악에도 그가 아닌 다른 누군가를 위로하고 무엇인가를 나누려고 하는 연민의 마음이 담겨 있습니다. 헨델은 마침내 삶의 벼랑 끝에서 깨달음을 얻었고 그렇게 〈메시아〉를 통해 스스로도 구원을 얻었던 것입니다.

메시아는 '기름 부음을 받은 자'라는 뜻으로 이 땅의 사람들을 구원하기 위해 선택받았다는 것을 의미합니다. 기독교인들에게는 곧 예수 그리스도를 의미하지요. 전체 3부로 이루어진 〈메시아〉는 헨델의 친구였던 찰스 젠넨스가 가사를 썼으며 구약의 예언서와 신약의 복음서, 요한 묵시록 등을 근거로 예수 그리스도의 탄생과 수난, 죽음과 부활을 다루고 있습니다. 헨델은 원래 부활절에 이 곡을 연주하려고 했으나 파운들링 호스피탈의 기금 모금을 위한 연주회가 해마다 크리스마스 시즌에 열리게 되면서, 이후 이 곡은 크리스마스 시즌을 대표하는 연주곡으로 자리 잡아 오늘날까지 이어지고 있습니다.

그 유명한 합창 〈할렐루야〉는 2부의 마지막에 등장하며, 메시아가 이 땅에 오시는 참뜻은 서곡이 끝나고 처음 등장하는 테너의 레치타티보를 통해 장엄하게 선포되고 있습니다. "위로하여라, 내 백성을 위로하여라…"로 시작하는 이 곡은 아리아나 합창이 아님에도 어느 오페라, 어느 오라토리오에 나오는 그것보다 더욱 아름답고 감동적입니다. 마지막에 이르러 합창은 "아멘"을 외치는데 이는 '그대로 이루어지소서'라는 뜻입니다. 결국 이 곡이 우리에게 전하려는 메시지를 요약한다면 "구세주가 우리를 위로하러 오시리니 마침내 그 뜻대로 이루어지리라"인 셈입니다. 메시아가 이 땅의 사람들을 위로하고 구원하기 위해 저 높은 곳에서 이 낮은 곳으로 내려오심과 같이 음악 또한 그렇게 우리를 어루만지고 위로합니다. 그러니 우리도 사랑하는 이들 그리고 이웃들과 그 마음을 빠짐없이 나누어야 할 것입니다.

대담한 도전과 창작의 영혼

유재하를 추억하며

1987년 11월 1일, 우리나라 음악계에 전에 없던 새로운 이정표를 세우고자 재능과 정열을 불태웠던 한 젊은이가 세상을 떠났습니다. 불의의 교통사고로 숨진 그의 나이는 겨우 스물여섯이었습니다. 어느덧 그때로부터 스물여덟 해가 지났지만, 지금도 많은 사람이 그의 죽음을 안타까워하며 그가 남긴 노래를 듣거나 따라 부르고 있습니다. 죽은 뒤 발매된 단 한 장의 음반만으로 우리나라 대중음악계에 누구보다 뚜렷한 자취를 남긴 전대미문의 음악가, 그의 이름은 유재하입니다.

대중음악이라고는 하지만 그가 남긴 노래는 당시 누구의 것과도 달랐고 누구보다도 앞서 있었습니다. 노래마다 전혀 다른 시도를 했는데 이 모두가 그때까지 우리나라에서는 볼 수 없었던 것이었습니다. 그는 혼자 가사를 만들어 곡을 붙였고 홀로 건반악기와 기타를 치며 노래를 불렀습니다. 뿐만 아니라 스스로 녹음하고 편집하여 음반을 제작하였지요. 몇몇 사람들이 돕기는 했지만 이처럼 대부분을 혼자 감당해서 빛을 본 음반은 처음이었습니다. 물론 돈이 없어서이기도 했지만 타고난 재능과 노력, 거기에다 무모하리만큼 대담한 도전 정신이 없었다면 상상도 할 수 없는 결과였겠지요.

게다가 이 음반에는 뜬금없이 서양의 고전주의 시대에나 있을 법한 미뉴에트를 현악 사중주로 연주한 곡도 수록되어 있습니다. 역시 유재하가 작곡한 곡이지요. 결국 그의 음반에는 한 사람이 작곡한 대중가요와 클래식 음악이 나란히 수록된 셈인데 이것 또한 전례가 없는 일입니다. 말하자면 겉으로 드러난 차이만으로 클래식과 대중음악을 차별하려는 생각에 반기를 든 것이었고, 대중음악에 클래식과 재즈까지 결합하려는 자신의 의지를 분명하게 밝히려는 선언이었습니다.

유재하는 한양대학교 작곡과를 졸업한 음악도였습니다. 당시만 해도 클래식 음악을 전공한 뒤 대중음악에 뛰어든다는 것은 엄두도 낼 수 없었지만 그는 세상의 편견에 아랑곳하지 않았고 오히려 그런 편견을 넘어서고자 했습니다. 그는 학창 시절에 이미 조용필과 위대한 탄생에서 키보드를 연주했으며 조용필은 자신의 7집 음반에서 유재하가 작곡한 〈사랑하기 때문에〉를 부르기도 했습니다. 또한 포장마차에서 유재하를 처음 만난 이문세는 그 자리에서 유재하의 제안을 받아들여 그의 곡 〈그대와 영원히〉를 음반에 넣기도 했지요. 유재하는 졸업 후 김현식과 함께 〈봄여름가을겨울〉에서 활동했고 김현식은 유재하의 〈가리워진 길〉을 자신의 음반에 수록했습니다.

얼마 지나지 않아 홀로서기에 나선 유재하는 처음으로 자신만의 음반 〈사랑하기 때문에〉를 제작했지만, 미처 그것이 세상에 나오기도 전에 세상을 등졌습니다. 3년 후, 공교롭게도 유재하가 세상을 떠난 바로 그날인 11월 1일에 오랜 투병 끝에 김현식마저 세상을 떠나자 두 사람의 묘한 인연이 세상의 관심을 끌며 사람들의 입에 오르내리기도 했지요. 짧은 시간이었지만 누구보다 서로를 아끼며 가까웠던 두 사람이 각자의 길로 돌아선 것은, 자신에게 없는 상대의 재능을 부러워하며 질투했기 때문이라는 말도 있습니다. 즉 김현식에게는 유재하의 연주 및 작곡 능력이 없었고 유재하에게는 김현식의 목소리와 가창력이 없었다는 것이지요. 훗날 에픽하이는 이 두 거인을 추모하기 위해 그들의 2집 음반에 〈11월 1일〉이라는 곡을 수록했습니다.

3남 3녀 중 다섯째로 태어나 각별한 사랑을 받았던 유재하의 갑작스런 죽음은 가족들에게도 충격이었지만, 끈질긴 구애와 난관 끝에 사랑의 결실을 앞두고 있던 연인에게는 아마도 하늘이 무너지는 것 같은 큰 충격이었을 것입니다. 다른 학교에서 플루트를 전공하는 동년배 음악도를 끔찍이도 아꼈던 그는, 자신이 다니던 학교보다 연인의 학교에 더 자주 나타난다는 말을 들을 정도로 사랑 앞에서 열정적이었지요. 하나밖에 없는 그의 음반에 수록된 모든 곡들은 바로 연인을 향한 열렬한 사랑의 고백이자 힘들고 긴 여정의 기록이었습니다. 그것은 슈만이 그가 남긴 수

많은 가곡들 가운데 대부분을 클라라와 열애를 시작해 결혼에 이르는 동안 작곡했던 것과 같은 경우라고 할 수 있을 것입니다. 이처럼 음악과 예술에 있어서 위대한 업적은 주체할 수 없을 만큼 뜨거운 사랑의 힘으로부터 비롯되는 모양입니다.

유재하가 세상을 떠난 뒤, 그의 아버지는 아들의 넋을 기리고 못다 이룬 꿈을 이어가려는 뜻에서 음반 수익금에 성금을 보태어 유재하 음악 장학회를 설립했습니다. 1989년부터는 해마다 장학회가 주관하는 유재하 음악경연대회를 열어 조규찬과 유희열, 고찬용, 김연우, 나원주, 정지찬 등 오늘날 우리나라 대중음악계를 이끌고 있는 많은 인재들을 발굴하였지요. 박진영, DJ DOC, 조규찬, 왁스, 이기찬, 정수라, 나얼 등 수많은 가수들이 유재하의 노래를 불렀으며 1997년에는 후배 음악인들이 뜻과 정성을 모은 헌정 음반 〈다시 돌아온 그대 위해〉가 나왔습니다. 한편 유재하의 음반에 수록되었지만 별로 주목받지 못했던 〈우울한 편지〉는 2003년 개봉해 흥행을 기록한 영화 〈살인의 추억〉에 삽입되어 새롭게 인기를 끌기도 했습니다. 또한 〈사랑하기 때문에〉는 2007년 경향신문이 뽑은 '한국 대중음악 100대 명반 목록' 가운데서 2위를 차지했지요.

지금 들으면 절로 감탄사가 나오는 그의 노래들이지만 발매 당시에는 음정이 불안하다는 이유로 심의를 통과하지 못해 여러 차례 반려되는 수모를 겪었고, 하물며 '노래가 이상하다'라는 전문가들의 반응마저 감수

해야 했습니다. 다행히 지금은 언제 그랬느냐는 듯이 유재하와 그의 음악에 대한 평가가 바뀌었고, 심지어는 그가 좀 더 활동했더라면 우리나라 대중음악계의 판도가 지금보다 훨씬 더 나은 모습일 것이라는 아쉬움도 나오고 있습니다.

그럼에도 한편으로 씁쓸한 것은, 이러한 찬사들과는 상관없이 그의 업적을 기려 재능있는 음악인을 발굴하기 위해 해마다 열리고 있는 유재하 음악경연대회가 후원과 협찬이 없어 어려움을 겪고 있다는 사실입니다. 그것은 채널마다 우후죽순처럼 늘어나고 있는 오디션 프로그램에 가려져서가 아닌가 싶기도 하고, 그 대상이 무엇이든 관심이 오래 가지 않는 우리의 고질적인 망각병 때문인 것 같기도 합니다. 그 어떤 경우든 자유로운 도전과 모험을 바탕으로 이루어낸 새로운 가능성이야말로 우리 사회의 예술적 번영을 위해 필요한 최고의 자산이라는 사실만큼은 절대로 잊지 말아야 할 것입니다. 언젠가 또다시 유재하처럼 시대를 앞서가는 대담한 창작의 영혼이 나타날지 모르니 말입니다.

LAMENTOSO

비애에 젖어

가장 달콤한 노래는
가장 슬픈 생각을 담은 노래이다.

- 퍼시 비쉬 셸리

꽃이 피고 저 혼자 지는 일 같습니다

진정한 신뢰는 짝사랑과 같다

빌리 조엘Billy Joel. 한때 뉴요커의 정서를 대변하는 가수로 엘튼 존Elton John이나 스티비 원더Stevie Wonder와 더불어 건반악기를 가장 잘 다루는 싱어송라이터로 꼽혔었지요. 우리에게도 〈저스트 더 웨이 유 아Just The Way You Are〉를 비롯해서 〈업타운 걸Uptown Girl〉, 〈피아노 맨Piano Man〉 등의 히트곡들로 잘 알려진 팝 아티스트입니다. 2008년에 처음 우리나라를 방문한 그는 올림픽 체조경기장을 찾은 많은 팬들에게 여전히 건재한 모습으로 명곡들을 들려주어 잊지 못할 감동을 선사하기도 했습니다. 그의 여러 히트곡늘 가운데 우리나라 사람들에게 사상 낳은 사랑을 받은 곡이라면 아무래도 〈어니스티Honesty〉를 빼놓을 수 없을 것입니다. 얼핏 듣기에는 연인을 향해 사랑을 애원하는 연가인 듯도 싶고 실연의 아픔을 노래하는 것도 같지만, 뒷부분에 이르러 가슴을 찢는 듯 쏟아내는 외침과 흐느낌을 들어보면 아무래도 범상치 않은 느낌이 듭니다. 이 세상에 믿고 의지할 사람이 아무도 없다는 고백을 ‘I know, I know’를 외치며 푸념하듯 되뇌입니다. 이 대목에 이르면 우리 민요 〈한 오백년〉의 후렴구인 ‘아무렴 그렇지, 그렇고 말고’가 떠오르기도 하지요.

세상사와 인간관계가 그렇다는 것쯤은 철들면서 누구나 다 알게 되는 사실인데 이렇게 노래로까지 만든 까닭은 무엇일까요? 사실 이 곡은 특별한 사연을 지니고 있습니다. 전성기를 누리던 빌리 조엘은 당시 천문학적인 수입을 벌어들였는데 모든 것을 믿고 맡겼던 매니저가 전 재산을 몽땅 가로챘던 것입니다. 더구나 그 파렴치한 매니저가 남도 아닌 빌리 조엘의 처남이었으니, 그의 심정은 이루 말할 수 없었을 것입니다. 불후의 명곡 〈어니스티〉는 바로 그때 겪었던 절망과 분노, 배신감과 상실의 감정을 고스란히 담은 노래입니다.

사실 아티스트와 매니저의 관계는 사회에서 맺어지는 그 어떤 관계보다도 서로의 신뢰를 필요로 합니다. 매니저는 아티스트의 공식적인 활동은 물론이고 금전 문제와 대인관계를 포함한 사생활까지도 모두 알고 챙겨야 하기 때문에 온전히 믿을 수 있는 사람이 아니면 업무를 맡기기가 어렵습니다. 때문에 부모나 형제, 배우자 등 혈연관계에 있는 사람이 직접 매니저로 나서거나 그 역할을 대신하는 경우가 많지요. 예를 들어 바이올리니스트 장영주와 첼리스트 장한나는 부모님이 매니저 역할을 하고 있습니다. 지휘자 정명훈은 형이, 소프라노 신영옥은 언니가, 소프라노 조수미는 동생이 그런 경우입니다. 이렇게 부모나 형제가 매니저 역할을 하게 되면 서로의 관계가 극단적인 파국으로 치닫는 경우는 드물지만 그렇다고 갈등이 아예 없는 것은 아닙니다. 오히려 공과 사가 뚜렷하게 구별되지 않는 까닭에 갈등의 골이 더 깊어져서 돌이킬 수 없게 되는 경우도 종종 있지요.

피아니스트 김선욱과 매니지먼트 계약을 맺어 우리나라에도 잘 알려진 아스코나스 홀트 사社의 사장은 직원들이 모인 자리에서 늘 '자신이 관리하는 아티스트에게 고맙다는 말을 들으려는 생각을 버려야 한다'라는 말을 한다고 합니다. 어쩌면 이것이야말로 매니저와 아티스트의 갈등을 근본적으로 해결할 수 있는 묘안이라는 생각이 듭니다. 그러고 보니 아티스트와 매니저 사이에서뿐만 아니라, 우리가 살면서 마주하는 모든 인간관계에 다 적용해야 할 지혜일지도 모르겠습니다. 도종환 시인의 〈혼자 사랑〉을 보면 '남모르게 당신을 사랑하는 게, 꽃이 피고 저혼자 지는 일 같습니다'라는 구절이 있지요. 우리네 사랑은 어차피 다 짝사랑이라는 생각이 듭니다. 크레타 출신의 그리스 문학가 카잔차키스의 묘비에는 그의 소설 《그리스인 조르바》의 주인공 조르바의 말이 새겨져 있습니다.

나는 아무것도 바라지 않는다.
나는 아무것도 두렵지 않다.
나는 자유다.

마치 짝사랑하듯 아무것도 바라지 않고 어느 것도 기대하지 않는 것, 그것이야말로 어쩌면 타인과 나 사이에 진정한 신뢰를 쌓아가는 지름길이 아닐까요.

슬픔은 형벌인 동시에 축복이다

고레츠키의 〈교향곡 3번〉

'현대음악'이란 말 그대로 우리가 살고 있는 이 시대에 만들어진 음악을 가리킵니다. 대개 20세기 이후 지금까지 수많은 작곡가들이 시도하고 있는 새롭고 실험적인 음악들을 떠올리기 마련입니다. 드라마 〈베토벤 바이러스〉에 등장해 유명해진 존 케이지John Milton Cage Jr.의 〈4분 33초〉란 곡은 아시다시피 4분 33초간 아무런 악기도 연주하지 않는 곡입니다. 악기에서 나는 소리만이 음악이 아니라 청중들의 수군거리는 소리는 물론 침묵 그 자체도 음악이라는 생각이지요. 그런가 하면 어떤 곡에서는 악기를 부수거나 완전히 해체하는 것이 음악이 되기도 합니다. 이처럼 다소 실험적이고 전위적인 것을 현대음악이라고 생각하는 탓에 클래식 음악을 좋아하는 이들조차 현대음악에는 별로 관심이 없거나 심지어 거부감을 갖는 경우도 많습니다. 그 때문에 현대음악은 연주회를 통해 들을 기회가 많지 않을 뿐더러 음반으로 만들어지는 일은 더더욱 드뭅니다.

그런데 1991년, 이런 통념을 깨는 기념비적인 사건이 벌어졌습니다. 현대음악 작곡가인 헨릭 고레츠키Henryk Gorecki의 〈교향곡 3번〉을 녹음한 음반이 빌보드 차트 클래식 음악 분야에서 31주 연속 1위를 차지하는 놀라운 기록을 세운 것입니다. 이 음반은 순식간에 100만 장이 넘게 팔리며 현대음악으로선 도저히 상상도 할 수 없는 관심과 호응을 이끌어 냈습니다. 폴란드를 대표하는 현대음악 작곡가 고레츠키는 단순하면서도 보편적인 설득력을 가지는 음악을 추구했는데 이 작품 또한 그러한 스타일이 그대로 반영되어 있습니다. '슬픔의 노래'라는 부제가 붙은 이 곡은 오래 전부터 폴란드에 전해 내려오는 가톨릭 교회의 성가를 비롯해 민요의 가사와 선율을 그대로 가져다 쓰고 있지요. 또한 교향곡이라고 하지만 3개의 악장 모두 소프라노가 부르는 노래로 이루어져 있습니다. 그런데 가사에 담긴 단어와 글귀를 찬찬히 읽다 보면 이 작품의 매력은 선율보다 오히려 가사에 있는 게 아닌가 하는 생각이 듭니다. 또한 고레츠키가 추구한 보편적인 설득력이 '슬픔'이라는 정서에 응축되면서 이것이 사람들의 마음을 움직인 것이 아닌가 짐작하게 되지요.

먼저 1악장의 가사는 폴란드의 수도원에 전해 내려오는 〈성 십자가 탄식 기도문〉을 그대로 옮긴 것입니다.

나의 아들, 내 몸에서 태어난 사랑하는 아들아
너의 상처를 나에게 나누어 다오.
언제나 내 마음 속에 너를 품고 있었던,

진심으로 너를 돌보았던 어미에게
너의 목소리라도 들려주어 기쁘게 해다오.

가사에는 아들인 예수 그리스도가 십자가에 못 박혀 죽어가는 모습을 지켜봐야 하는 어머니 마리아의 기막힌 심정이 절절하게 담겨 있습니다. 세상 모든 어머니들의 가슴을 먹먹하게 만드는 곡입니다.

다음으로 2악장은 제2차 세계대전 당시 악명 높았던 아우슈비츠 수용소에 갇힌 18세의 유태인 소녀가 가스실로 끌려가기 전에 자신의 어머니를 위로하기 위해 벽에 쓴 낙서를 가사로 삼고 있습니다.

비록 내가 먼저 떠나가지만 엄마 울지 마세요.
고결하신 성 처녀 아베 마리아여 저를 도와주소서.

아우슈비츠에서 멀지 않은 카토비체에서 공부한 뒤 그곳 국립음악학교에 재직했던 고레츠키는 아마도 이 비극적인 현장에서 커다란 슬픔을 느꼈던 것 같습니다.

마지막 악장은 또 다른 역사의 비극을 고스란히 담고 있습니다. 고레츠키의 조국 폴란드는 독일과 러시아, 오스트리아와 같은 강대국들로부터 끊임없이 침략을 당했고, 이로 인해 수많은 폴란드의 젊은이들이

전쟁에서 희생당했습니다. 3악장은 이처럼 전쟁으로 아들을 잃은 어머니의 애끓는 슬픔을 노래합니다.

어디로 갔는가, 내 사랑하는 아들은?
전란이 일어났을 때 내 아들은 잔인한 적에게 죽임을 당했겠지.
오, 너 몹쓸 인간아, 가장 성스러운 신의 이름으로 나에게 말해다오.
왜 내 아들을 죽였는지. 이제 다시는 아들의 보살핌을 받을 수 없으니
내가 울고 울어 내 늙은 눈에서 흐르는 눈물이 강을 만들어도
그들은 내 아들을 살리지 못하리라.

슬픔은 국경과 인종을 초월해 모든 인간의 마음을 움직이는 감정입니다. 그리고 그 먹먹한 슬픔 가운데 으뜸이라면 누가 뭐래도 자식을 잃은 어머니의 슬픔일 것입니다. 그렇기에 이 곡을 들은 많은 사람들이 그 슬픔에 공감했을 것입니다. 고레츠키는 "슬픔은 형벌이자 동시에 축복"이라고 말했습니다. 슬픔은 우리가 살아가는 동안 결코 피할 수 없는 인생의 일부로서 숙명적으로 받아들여야 할 존재가 아닌가 합니다. 지나간 슬픔 그리고 앞으로 만나게 될 슬픔을 이 곡과 함께 극복해보면 어떨까요. 그러다 보면 형벌로 시작된 슬픔일지라도 끝내는 축복으로 받아들일 수 있으리라 믿습니다. 🎼

나는 세상의 모든 전쟁으로부터
눈을 감고 조용히 음악의 나라로,
그 믿음의 나라로 들어가리.
거기서는 우리의 모든 절망과 고통들이
소리의 바다로 사라지리라.

— 빌헬름 바켄로더

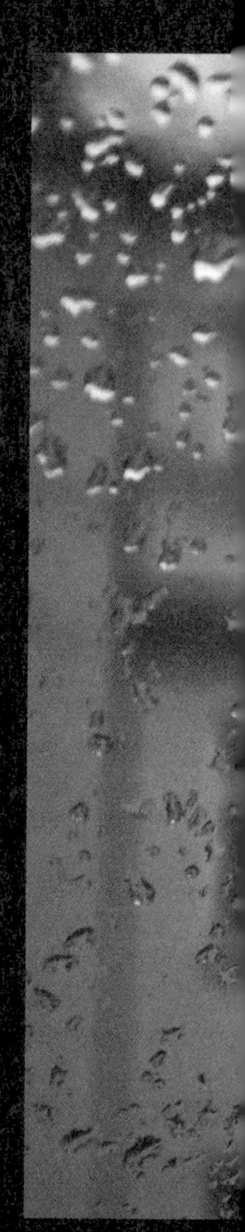

지금 당신 곁에는
누가 있습니까

일찍이 공자는 '학이시습지 불역열호아 유붕자원 방래 불역락호아學而時習之 不易悅好我 有朋自遠方來 不易樂好我'라는 말을 남겼습니다. 그의 말마따나 배움을 게을리하지 않고 날마다 익히고 또 익힌다면 그보다 더 좋은 일이 어디에 있겠습니까? 또한 멀리 있는 벗이 문득 까닭 없이 나를 찾아준다면 그보다 더 즐거운 일이 또 있을까요? 삶이라는 것이 이럴진대 더 이상 바랄 것이 또 무엇일지요. 그런 의미에서 이 순간 스스로에게 묻곤 합니다. 나의 진정한 벗은 누구인지, 그들은 지금 어디에 있는지 말입니다.

해가 바뀔 때마다 이처럼 삶의 뿌리를 더듬어 보게 되는데, 그러다 '친구'라는 대목에 이르면 늘 생각나는 사람들이 있으니 그들은 바로 요제프 요아힘Joseph Joachim과 브람스입니다. 19세기를 대표하는 바이올리니스트 중 한 사람인 요아힘은 헝가리 키트세에서 출생하여 부다페스트에서 공부했습니다. 13세의 어린 나이에 라이프치히에서 그때까지 연주 불능이라 일컬어지던 베토벤의 협주곡을 연주하여 일약 신동으로 주목을 받았지요. 리스트의 권유로 한때 하노버 궁중 오케스트라의 수석 연주자를 지내기도 했으며, 이후에는 독일을 중심으로 유럽 각지를 다니며 독주자로서 명성을 떨쳤습니다. 그는 바흐와 모차르트, 베토벤의 해석에 있어 독보적이었고 말년에는 자신의 이름을 딴 '요아힘 현악 사중주단'을 결성하여 지금도 전설로 받들어질 만큼 놀라운 연주를 들려주었습니다.

한편 무명이던 젊은 시절, 브람스는 요아힘의 반주자로 함께 활동했습니다. 브람스가 세상에 나가 그 빛을 발할 수 있도록 슈만에게 소개하고 기회를 준 장본인이 바로 요아힘이었지요. 요아힘, 브람스, 슈만 이 세 사람의 우정은 그렇게 시작되었고 아버지뻘 나이의 슈만은 일찍 그들 곁을 떠났지만 브람스와 요아힘은 이후로도 깊은 우정을 나누었습니다. 바이올린 협주곡을 비롯한 브람스의 바이올린 곡들은 모두 요아힘의 조언을 얻어 완성되었고, 교향곡 3번은 한때 멀어졌던 그들의 관계를 회복시켜준 곡이기도 합니다.

어느 날, 브람스의 재능에 감탄한 슈만은 자신에게 그를 소개해준 요아힘을 위해 깜짝 이벤트를 준비했습니다. 평소 가까이 지내는 친구들과 함께 새로운 바이올린 소나타를 만들어 연주 여행을 마치고 뒤셀도르프로 돌아오는 요아힘에게 선물하고자 했던 것입니다. 1악장은 슈만의 제자인 디트리히가, 3악장은 브람스가 작곡했으며 슈만 자신은 2악장과 4악장을 맡아 완성했습니다. 슈만은 세 사람이 합작한 이 전대미문의 소나타에 'F.A.E'라는 제목을 붙였습니다. F.A.E는 'Frei Aber Einsam'

의 약자로서 '자유로운 그러나 고독한'이라는 뜻으로, 요아힘의 평소 신념인 동시에 그들 모두가 외치고 다녔던 구호이기도 했습니다. 그들 모두의 인생관이자 삶의 철학이었던 셈입니다. 이 곡을 받고 친구들 앞에서 연주한 요아힘은 놀랍게도 각 악장을 누가 작곡했는지 그 자리에서 바로 가려냈다고 하니, 참 흐뭇하고 부러운 우정이 아닐 수 없습니다. 아마 그들 모두 그 무엇으로부터도 구속받지 않는 자유로운 영혼들이었기에 가능한 일이었을 것입니다. 안타깝게도 이 곡은 출판이 되지 않아 세상에 알려지지는 않았습니다. 다만 나중에 요아힘이 브람스가 작곡한 3악장만을 따로 출판하는 것을 허락해 지금은 3악장만 남아 〈F.A.E 스케르초〉로 연주되고 있습니다.

하지만 이처럼 언제까지나 서로에게 가장 든든한 버팀목이 되어줄 것만 같았던 요아힘과 브람스의 우정에도 굴곡은 있었습니다. 그리고 그 누구보다 자유를 원했고 그로 말미암은 고독까지도 꿋꿋하게 견디겠다던 요아힘도 끝내 그 자신으로부터 자유롭지 못했지요. 일종의 의처증이 있었던 요아힘은 끝내 아내와 이혼 소송까지 벌이게 되었지만 패소하고 말았습니다. 이때 아내가 승소하는 데 결정적인 증거로 작용한 것이 브람스의 편지였는데, 거기에는 요아힘의 성격에 대한 부정적인 견해가 담겨 있었던 것입니다. 이 일로 30년 우정은 한순간에 물거품이 되었고 두 사람의 관계는 돌이킬 수 없는 강을 건너고 말았습니다. 세월이 한참이나 흐른 후 삶의 막바지에 선 브람스는 요아힘과의 화해를 간절히 원했고, 새로 작곡한 교향곡 3번의 초고를 요아힘에게 보내 의견을 구했습니다. 그 일을 계기로 요아힘이 브람스를 용서하고 다시 받아들임으로써 그들은 옛날과 같은 우정을 회복했습니다.

모든 좋은 것들은 다 그만한 값을 치러야 내 것이 되는 법입니다. 세상에 자유만큼 달콤하고 귀중한 것이 어디 있을까요? 그래서 나라마다 그 기초가 되는 헌법의 가장 앞머리에도 어김없이 자유를 내세우고 있지 않습니까? 그런데 진정한 자유의 대가는 뼈에 사무치는 고독입니다. 곁에 아무도 없어 외로운 고독이 아니라 뭐든지 홀로 감당하고 책임지는 당당한 고독입니다. 다르게 표현하자면 삶의 나날들을 단 한 순간도 놓치지 않으려는 치열함입니다. 올해는 그런 치열함과 당당함으로 살아가리라 다짐해봅니다. 이런 저를 묵묵히, 하지만 누구보다 진심으로 응원해줄 벗이 있으니 가는 길이 외롭지만은 않을 것입니다. 여러분이 마음속에 가장 소중하게 간직하고 있는 가치는 무엇입니까? 그리고 그것을 응원하고 격려해줄 진정한 친구는 어디에 있습니까? 🎼

누구나 마음껏 존중받는 세상을 위하여

프레디 머큐리
그리고 차이콥스키

전설적인 록 그룹 퀸Queen의 리드 보컬 프레디 머큐리Freddie Mercury의 전기가 세상에 나온 것은 오래 전 일이지만, 우리말로 옮겨진 것은 불과 몇 년 전의 일입니다. 그가 동성애자였다는 사실, 게다가 에이즈로 세상을 떠났다는 사실 때문에 이렇게 오랜 시간이 걸린 건지도 모르겠습니다. 우리 사회는 아직 이런 문제를 너그럽게 포용할 만큼 여유롭지 않기 때문이겠지요.

1970년대에 결성된 퀸의 출현은 마치 외계인이 날아온 듯 시대를 초월한 사건이었지만 18세기가 다시 돌아온 듯 고색창연하기도 했습니다. 너무나도 이질적이어서 절대로 어울릴 것 같지 않은 록 음악과 클래식 음악을 하나로 결합시킨 그룹 퀸의 음악 세계는 독특하다 못해 충격적이기까지 했지요. 게다가 남성의 음역을 넘어 여성의 음역을 넘나들었던 머큐리의 음성은 아무도 흉내 낼 수 없는 성역과도 같았습니다. 마치 바로크 시대를 풍미했던 거세한 남성 가수 파리넬리가 다시 태어난 것 같은 착각에 빠질 정도였습니다. 이처럼 색다른 매력 덕분에 많은 팬을 거느린 퀸이었지만, 머큐리는 언제나 스타가 되기보다는 다만 전설로 남길 원했다고 합니다. 그는 20세기의 전설적인 발레리노인 루돌프 누레예프Rudolf Nureyev처럼 되고 싶다고도 말했습니다. 누레예프 역시 동성애자였고 에이즈로 세상을 떠났으니 머큐리는 이미 자신의 운명을 예견하고 있었는지도 모르는 일입니다. 〈보헤미안 랩소디Bohemian Rhapsody〉, 〈러브 오브 마이 라이프Love of my life〉와 더불어 불후의 명곡으로 사랑받고 있는 〈위 아 더 챔피언즈We are the champions〉를 만든 동기가 축구팬들이 함께 부를 수 있는 응원가를 쓰고 싶은 마음에서였다는 사실도 흥미롭습니다.

재능이 뛰어난 예술가들 가운데 동성애자가 많다는 사실은 어제 오늘의 이야기는 아닙니다. 음악가들이라고 예외일 수 없어 대중음악뿐만 아니라 클래식 음악가들 중에도 동성애자가 꽤 많다고들 하지요. 심지어는 뉴욕에서 음악가로 성공하려면 뛰어난 재능 말고도 다음의 세 가지 조건 가운데 적어도 한 가지는 갖춰야 한다는 농담이 있을 정도입니다. 그 내용인즉 유태인이거나 동성애자라야 한다는 것이고, 이도저도 아니라면 동성애자조차 끌릴 만큼 뛰어난 미모를 지닌 여성이라야 한다는 것입니다. 그렇기에 유태인이면서 동성애자라면 더할 나위가 없다는 말도 나옵니다. 현재 미국 뉴욕 메트로폴리탄 오페라 하우스의 예술 감독으로 있는 지휘자 제임스 레바인James Levine의 경우가 바로 그렇다고들 합니다. 20세기 후반 뉴욕 필하모닉 오케스트라를 이끌면서 세계 최고의 거장으로 추앙받았던 지휘자 번스타인이 양성애자라는 이야기 또한 새삼스러울 것도 없습니다. 오히려 지금도 활동하고 있는 일본을 대표하는 지휘자 오자와 세이지가 한때 그의 연인이었다는 사실이 더 놀라운 일이지요.

서양음악사에 이름을 남긴 작곡가들 가운데 가장 대표적인 경우를 찾으라면 차이콥스키를 꼽을 수 있을 것입니다. 사실 차이콥스키 말고도 수많은 작곡가들이 의심 아닌 의심을 받고 있으며 증거가 될 만한 에피소드도 들려오곤 하는데, 특히 차이콥스키의 경우는 당대를 떠들썩하게 했을 만큼 큰 사건이 있었기에 틀림없는 사실로 받아들여지고 있습니다. 다름 아닌 중년이 훨씬 지난 차이콥스키가 어린 소년에게 접근하는 바람에 법정에까지 서게 되었던 일입니다. 동성애자에게 엄격했던 그 시대에 칭송받는 작곡가가 동성애자라는 것도 엄청난 충격이었을 텐데, 어린 소년에게 연심을 품고 적절하지 못한 행동을 했다는 사실은 더욱 놀라운 일이었을 것입니다.

차이콥스키의 죽음 역시 동성애와 관련된 추측이 지금까지도 끊이지 않고 있습니다. 예쁘장한 외모에 섬세한 감성을 지녔던 차이콥스키는 어린 시절부터 부모와 떨어져 명문가의 자제들이 다니는 군사학교에 다녔습니다. 당시 이성을 만날 수 없는 사춘기 소년들 사이에서 차이콥스키의 존재가 어떠했을지는 충분히 짐작할 수 있습니다. 그런데 문제는 이들 중 상당수가 가문의 후광을 업어 러시아 사회의 중추적인 인물로 성장했다는 것이고, 이들 가운데 그 누구도 어린 시절의 과거가 드러나는 것을 원하지 않았다는 것입니다. 그러니 차이콥스키가 동성애자라는 사실 또한 어떻게든 숨기려고 들었을 것입니다. 게다가 동성애자라는 것을 자랑스러워했던 머큐리와는 달리 차이콥스키는 그런 자신을 받아들이기 힘들었던 모양입니다. 그렇기에 교향곡 〈비창〉의 마지막 악장이 그토록 흐느끼며 서러운 슬픔을 토해내는 것이겠지요. 번스타인이 차이콥스키의 음악을, 특히 〈비창〉을 그렇게 좋아했던 것도 이 때문은 아닌지 모르겠습니다.

그러고 보니 예전에 프랑스의 피아니스트 장 이브 티보데Jean-Yves Thibaudet가 우리나라를 처음 찾았을 때, 그의 모습에서도 왠지 모를 슬픔이 느껴졌습니다. 당시 그는 밝은 금발과 그리스 조각상과도 같은 용모에, 몸매를 자연스럽게 감싸면서 부드러움을 더해주는 검은색 연미복을 입고 있었습니다. 빳빳하게 풀을 먹인 하얀 드레스 셔츠에 빨간색 나비넥타이, 빨간 바탕에 금색 실로 화려하게 수놓은 조끼는 파격적이면서도 입을 열지 못할 만큼 아름다웠습니다. 마지막으로 그가 피아노 의자에 앉았을 때 올라간 바지 끝단 아래로 살짝 드러난 빨간 양말은 관객들의 탄성을 자아내기에 충분했지요.

이어서 들려오는 그의 음악은 무척이나 섬세하여 부서지기 쉬울 것 같지만 아무나 범접할 수 없는 고아한 품격이 느껴졌습니다. 초인적인 기교와 더불어 폭발적인 힘이 없으면 엄두도 낼 수 없는 리스트의 곡들을 어루만지듯이, 혹은 노래하듯이 부드럽고 편안하게 풀어놓는 연주는 청중들의 넋을 송두리째 빼앗아 버렸습니다. 리스트가 작곡한 〈베르디의 오페라 리골레토의 주제에 의한 패러프레이즈〉에서, 그는 어느 성악가가 부르는 노래보다도 더 애잔하고 아름다운 선율을 가슴이 멍들도록 흐느끼며 들려주었습니다. 전에도 몰랐고 우리나라를 다녀간 다음에도 따로 알아보지 않았지만 그가 동성애자라는 사실을 직감적으로 알 수 있었습니다.

미국 샌프란시스코에서는 성인 남성 세 명 중 한 명은 동성애자라는 말이 있습니다. 그래서 서로 모르는 남자 셋이 우연히 만났을 때 한 사람이 다른 두 사람에게 "당신들 혹시 동성애자입니까?"라고 물었는데 둘 다 아니라고 대답하자, 갑자기 질문한 남자가 놀란 표정을 지으며 "그렇다면 혹시 내가?" 하며 당황해했다는 우스갯소리도 있지요. 그러고 보니 머큐리부터 번스타인과 차이콥스키, 티보데까지 모두 제가 정말 좋아하는 음악인들입니다. 그렇기에 아직까지 동성애자들을 온전히 이해하고 있지는 못하지만 이해하려고 노력하는 중입니다. 또한 혹시 끝내 이해하지 못하게 되더라도 누군가가 동성애자라는 이유 때문에 멀리하거나 비난할 생각은 추호도 없습니다. 그저 바라는 바가 있다면 우리가 함께 사는 이 세상에서 성적인 취향이든, 신념이든, 사상이든 자기와 맞지 않는 것을 강요하거나 강요당하는 일이 없었으면 하는 것입니다.

다르다는 그 이유만으로 배척 당하거나 차별받는 일은 없어야 합니다. 누구에게든 스스로가 그 무엇과도 비교할 수 없는 중요한 존재인 것처럼, 나 아닌 다른 사람 역시 그 자신이 무엇보다 소중하기 때문입니다. 예술이 추구하는 것이 바로 이것이 아닌가 싶습니다. 나와 다른 남을 존중하고 배려하는 세상, 그 안에서 누구나 마음껏 자유를 누리고 숨 쉴 수 있는 그런 세상 말입니다.

쇤베르크의 〈정화된 밤〉

아르놀트 쇤베르크Arnold Schönberg는 20세기 현대음악의 창시자로 불립니다. 그는 우리 귀에 너무 익숙한 조성음악, 즉 장조와 단조의 음계로 만들어지는 음악을 과감히 버리고 12음 기법을 만들었지요. 그 때문에 '쇤베르크' 하면 이지적이고 냉철한 이미지를 떠올리기 쉽지만, 예술가들이 그렇듯 그 또한 젊은 시절에는 누구보다 낭만적이고 감성적인 사람이었다고 합니다. 그는 처음에는 당시의 다른 작곡가들과 마찬가지로 자신에게 주어진 음악적인 환경, 즉 낭만주의 음악에서 스스로의 감정과 생각을 드러낼 수 있는 길을 찾으려고 했습니다. 진지하게 그 방법을 모색한 끝에 당대의 위대한 작곡가들을 빠짐없이 섭렵했고, 그 결과 태어난 서정적인 작품이 바로 현악 오케스트라를 위한 곡 〈정화된 밤〉입니다.

1874년 오스트리아 빈의 유태인 가정에서 태어난 쇤베르크는 8세 때 바이올린을 배우기 시작해 9세 때부터는 스스로 작곡을 하기 시작했습니다. 아버지가 세상을 떠난 뒤 집안의 생계를 책임져야 했던 그는 은행에서 일하는 틈틈이 스스로 첼로를 익혀 아마추어 오케스트라에 들어갔고 지휘자인 알렉산더 폰 쳄린스키 Alexander von Zemlinsky 에게 대위법을 배웠습니다. 독학으로 작곡 공부를 계속하던 중 1899년 10월에 바이올린 두 대와 비올라 두 대, 첼로 두 대를 위한 현악 육중주 〈정화된 밤〉을 작곡했습니다. 당시 25세였던 그는 당대의 시인이었던 리하르트 데멜의 연작시집 《여인과 세계》에서 시 〈두 사람〉을 읽고 깊은 감명을 받아 이 곡을 만들었습니다. 완성한 곡을 평론가 막스 그라프에게 보여주었지만 쉽게 판단이 서지 않았던 그라프는 다시 말러에게 의견을 구했습니다. 악보를 받아든 즉시 이 곡의 가치를 간파한 말러는 그의 매제이며 자신이 지휘하고 있던 빈 필하모닉의 악장 아르놀트 로제에게 연주를 부탁했고, 이를 통해 1902년 3월 18일 빈에서 초연이 이루어질 수 있었습니다. 말러나 로제와는 달리 대다수의 청중들은 쇤베르크의 음악을 받아들이지 못해 휘파람을 불었는가 하면 주먹다짐까지 벌어졌다고 합니다. 하지만 그런 반응들과는 상관없이 이 곡에 특별한 애착을 가졌던 쇤베르크는 1917년에 이 곡을 현악 오케스트라용으로 편곡했고 말년인 1943년에 다시 한 번 개작했습니다.

　이 곡의 바탕이 된 데멜의 시 〈두 사람〉은 어떤 내용일까요? 네이버 캐스트에 실려 있는 시의 전문을 옮기면 다음과 같습니다.

　두 사람이 황량하고 스산한 숲을 거닐고 있다. 달이 그들을 따라오고 그들은 달을 물끄러미 쳐다본다. 달은 높은 떡갈나무 위를 활공하고 하늘에는 빛을 가릴 만한 구름 한 점 없이 검고 뾰족한 나뭇가지들만이 걸려 있다. 여자의 목소리가 들려온다.

"나는 홑몸이 아니에요. 하지만 당신 아이는 아니랍니다. 나는 죄를 짓고 당신 곁에 있게 되었네요. 나는 잘못된 길을 선택했었기에 행복을 바라지는 않아요. 그러나 엄마로서의 행복과 의무 때문에 내 삶의 의미를 갈망하고 있어요. 그러니 뻔뻔한 것이죠. 전율하는 내 몸을 얼굴도 모르는 사내에게 맡겼을 때, 나는 축복받았다는 생각까지 했거든요. 그러나 이제는 삶이 내게 복수를 하나 봐요. 이렇게 당신을 만났잖아요. 아, 당신을요."

그녀는 비틀거리며 걷는다. 고개를 들어보니 달이 뒤따르고 있다. 그녀의 어두운 얼굴에 빛이 새겨지기 시작한다. 남자의 목소리가 들려온다.

"이 아이는 당신의 영혼에 짐이 되지는 않을 거요. 세상이 얼마나 밝게 빛나고 있는가를 보시오. 주위 모든 것이 빛나고 있지 않소. 당신은 나와 함께 차가운 바다 위를 떠돌고 있지만, 우리들 사이에는 따사로운 서광이 비치고 있소. 당신으로부터 나에게로, 나로부터 당신에게로 말이오. 그 열기로 인해 낯선 이의 아이는 정화되어 나의 아이로 태어날 것이오. 당신은 나에게 그 빛을 비추어주었고, 나까지 아이로 만들어주었다오."

그는 그녀의 허리를 격렬하게 안는다. 그들의 숨결은 입맞춤으로 이어진다. 두 사람은 저 숭고하고 찬란한 밤을 함께 걷는다.

시의 흐름을 고스란히 담아 모두 다섯 부분으로 나눈 이 곡의 첫 부분은 달빛이 비치는 차디찬 겨울 숲을 침묵 속에서 두 남녀가 천천히 걸어가고 있는 모습을 그리고 있습니다. 두 번째 부분에서는 후회와 안타까운 마음에 불안하고 상기된 목소리로 차마 하기 힘든 고백을 하면서도, 어머니가 되고 싶은 소망을 버리지 못하는 여자의 마음을 음악으로 나타냅니다. 세 번째 부분은 다시 이들이 걷는 모습을 묘사하고 있는데 처음보다 더 빠르고 무거운 분위기입니다. 네 번째 부분에 이르러 마침내 남자의 너그러운 마음과 진정한 사랑이 느리고 풍부한 저음의 화음으로 표현되며 두 사람 사이의 극적인 용서와 화해가 희열로 치닫게 됩니다. 마지막 다섯 번째 부분은 잔잔하고 낭만적인 선율을 통해 사랑으로 충만한 두 사람이 나란히 걸어가며 멀어지는 모습을 비춰주고 있습니다.

그렇습니다. 사랑은 '때문에'가 아니라 '그럼에도 불구하고'입니다. 콩깍지가 씌었다는 것은 나쁘고 어렵고 힘든 것들이 보이지 않는다는 뜻이 아니라, 보여서 아는데도 달리 어쩔 도리가 없다는 말입니다. 그래서 사랑하면 모든 것이 예뻐 보입니다. 예뻐서 어쩔 줄을 모릅니다. 그저 그렇게 있는 것만으로도 고마울 따름입니다. 또한 사랑하면 가엾어 보입니다. 가여워서 마음이 아픕니다. 살뜰하게 보살피지 못해 미안할 뿐입니다. 성서를 보면 〈주기도문〉이라는 것이 있습니다. 예수께서 몸소 만들어 인간들에게 가르치신 기도라고 하지요. 이것은 처음부터 끝까지 줄곧 창조주에게 바라는 바를 담고 있습니다. 그런데 그 안에 단 하나, 인간인 우리가 해야 할 일이 있다고 말하고 있으니 그것은 바로 '용서'입니다. 용서야말로 사람이 사람에게 줄 수 있는 가장 큰 사랑인 것입니다. 그래서 용서는 최고의 사랑입니다.

윌리엄 월튼의
'라 모르텔라'

나이가 들수록 꽃이 좋고 나무가 좋습니다. 그래서 언제부터인가 5월이 되면 첼시 플라워 쇼를 가보리라 마음먹었지만 작년에도 그냥 지나쳐 버리고 말았습니다. 영국 왕립원예협회에서 주관하는 첼시 플라워 쇼는 해마다 5월 하순에 열리는 세계 최대의 정원 및 원예 박람회입니다. 그런데 첼시 플라워 쇼를 생각하다 보면 어느 틈에 제 머릿속에는 작곡가 윌리엄 월튼William Walton이 떠오릅니다. 그는 랄프 본 윌리엄스Ralph Vaughan Williams, 벤자민 브리튼Edward Benjamin Britten과 더불어 20세기 영국을 대표하는 작곡가의 한 사람으로, 에드워드 엘가Edward Elgar가 세상을 떠나자 '제2의 엘가'라 불렸고 국왕 조지 6세와 엘리자베스 2세의 대관식 음악을 맡기도 했지요. 제2차 세계대전 동안에는 국민들의 사기를 드높일 영화의 음악을 작곡하라는 뜻에서 병역을 면제받기도 했습니다.

월튼은 1902년 랭커셔 주의 올드엄에서 태어났습니다. 아버지는 성가대 지휘자이자 성악 교사였고 어머니도 성악가였습니다. 그는 바이올린과 피아노를 배웠지만 전문가 수준은 아니었고, 대신 어려서부터 노래에 뛰어난 재능을 보여 옥스퍼드의 크라이스트처치 성가대 학교에 들어갔습니다. 16살에는 크라이스트처치 칼리지에 입학해 날마다 대학 도서관에서 이고르 스트라빈스키Igor Stravinsky와 클로드 드뷔시Claude Debussy를 비롯한 동시대 작곡가들의 악보를 홀로 연구하며 작곡가의 꿈을 키웠습니다. 20대를 첼시에서 지낸 그는 마침내 작곡가로서 자신의 존재를 세상에 알리기 시작했습니다. 1923년 잘츠부르크에서 열린 국제현대음악제에 내놓은 현악 사중주곡으로 음악계의 주목을 받았고, 1926년에 발표한 서곡 〈포츠머스 포인트〉로 널리 이름을 떨쳤지요.

작곡가로 성공의 가도를 달리던 1946년, 이탈리아의 이스키아 섬에 들렀던 월튼은 그 매력적인 풍경에 사로잡혔습니다. 당장 정원 설계사인 러셀 페이지를 초빙하여 정원 조성을 구상하였지요. 십 년 후인 1956년, 마침내 런던의 집을 팔고 이스키아로 이주해 폴리오 언덕에 저택을 지었고 은매화를 뜻하는 '라 모르텔라La Mortella'라는 이름을 붙였습니다. 그러고는 1948년에 결혼한 아내 수잔나와 함께 그곳에 머물렀고 이후 수잔나가 이곳을 지금과 같이 드넓고 아름다운 정원으로 가꾸었습니다. 1983년, 월튼은 라 모르텔라 저택에서 눈을 감았고 수잔나는 1992년에 그들 부부의 사랑과 삶이 고스란히 담긴 보금자리를 사람들에게 공개하기로 결정했습니다. 그로부터 12년이 흐른 2004년에 라 모르텔라는 미국의 브릭스 앤드 스트래튼 사社로부터 이탈리아에서 가장 아름다운 정원으로 선정되었고, 오늘날에도 많은 사람들에게 사랑받고 있습니다. 현재 그곳에는 정원뿐만 아니라 월튼의 업적과 삶의 자취를 보여주는 기념관이 세워져 있습니다. 또한 해마다 이탈리아와 세계 각지의 음악학교가 주말마다 70회 이상 음악회를 열고 있으며, 하버드대학교는 작곡가들을 위한 프로그램과 마스터클래스를 운영하고 있습니다.

한창 일할 나이에 치열한 삶의 현장을 벗어나 아름답고 고요한 낙원에 칩거한 탓인지, 여든이 넘는 긴 생애 동안 월튼이 남긴 작품은 그다지 많지 않습니다. 오늘날 그의 대표작으로 꼽히는 몇몇 걸작들 역시 젊은 시절에 내놓은 것들이 대부분이지요. 제1차 세계대전 이후 최고의 교향곡으로 꼽히는 〈교향곡 1번〉과 대지휘자 카라얀이 20세기 최고의 성악곡이라 일컬었던 오라토리오 〈벨샤자르의 향연〉은 물론이고 비올라 협주곡과 바이올린 협주곡, 첼로 협주곡 모두 이스키아로 이주하기 전에 작곡한 것들입니다.

그의 작품이 많지 않은 또 다른 이유로 그가 다른 작곡가들에 비해 작곡에 그만큼 많은 노력과 시간을 들였다는 것도 있습니다. 〈교향곡 1번〉의 경우만 하더라도 2년이 지나도 완성하지 못해 초연 때는 예정된 네 개의 악장 가운데 세 개의 악장만 연주되었고, 다시 2년이 지난 다음에야 완전한 작품을 내놓을 수 있었습니다. 그리고 초서의 서사시를 바탕으로 만든 그의 오페라 〈트로일루스와 크레시다〉는 무려 8년이나 걸려 완성되었지요. 마지막이자 세 번째인 교향곡을 작곡할 때는 오랜 시간을 끌었지만 결국 완성하지 못한 채 중단하고 말았습니다. 생전에 남긴 인터뷰에서 그는 날마다 아침 9시에서 오후 1시까지 그리고 저녁 6시에서 8시까지 작곡에 전념한다고 말했습니다. 더러는 저녁 식사 이후에도 작업을 계속한다고 했으니 그에게 있어 창작은 끝을 알 수 없는 어둡고 긴 터널을 쉬지 않고 걸어야 하는 힘겨운 일이었을 것입니다. 그래서 그에게는 라 모르텔라와 같은 낙원이 더욱 간절했는지도 모르지요.

고흐가 입원했었다는 프랑스 아를의 정신병원에는 세상의 모든 색을 펼쳐놓은 듯 온갖 꽃들이 피어 있는 작고 아담한 정원이 있습니다. 전에는 정신병원이라면 그저 굵은 쇠창살과 어두침침한 회색빛 콘크리트 건물을 떠올렸지만, 그 누구보다 마음이 아픈 이들일수록 더더욱 아름다운 꽃과 나무가 가득한 정원이 필요하다는 것을 그제야 알게 되었지요. 정원이 아름다운 집이 좋은 집입니다. 공원이 아름다운 도시가 살기 좋은 도시입니다. 그런 곳에 아름다운 사람들이 깃들어 아름다운 마음을 나눌 때 진정 아름다운 음악과 예술이 살아 숨쉬기 때문입니다. 내년에는 꼭 첼시 플라워 쇼에 다녀올 생각입니다. 오는 길에는 화가 모네가 그토록 정성을 다해 가꾸었고, 그의 그림보다 소중하게 여겼다는 지베르니 정원도 보고 와야겠습니다. ♪

세월이 흘러도 사랑은 남는다

경극 〈패왕별희〉

해마다 중국 자금성을 찾는 사람들의 수가 천만 명을 넘어섰다고 합니다. 그중에는 우리나라 관광객들의 비중도 만만치 않을 텐데요. 흔히 베이징 여행을 이야기할 때 낮에는 자금성을, 밤이면 경극을 꼽습니다. 그래서 이번에는 경극에 대한 이야기를 들려드릴까 합니다. '경극' 하면 우리 머릿속에 가장 먼저 떠오르는 것은 바로 영화 〈패왕별희〉일 것입니다. 장국영이 열연한 경극 배우의 비극적인 삶과 죽음이 마치 그 자신의 이야기인 듯싶어 더욱 안타까움을 주지요. '패왕별희'란 '초패왕 항우가 애첩 우희와 이별하다'라는 뜻으로 한고조 유방과 천하를 다투었던 항우와 그의 첩 우희의 애틋한 사랑을 그린 이야기입니다. 이처럼 경극은 중국의 역사나 고전 속에 나오는 이야기를 극의 형식을 빌려 꾸민 것으로, 무예에 가까운 몸동작에 가성을 써서 고음을 내는 대사와 노래, 화려한 의상과 형형색색의 화장이 어우러진 무대예술을 뜻합니다. 그래서 서양 사람들은 경극을 가리켜 '페이징 오페라'라고 칭하기도 하는데 우리의 판소리, 일본의 가부키와 더불어 아시아를 대표하는 공연예술로 꼽히고 있지요.

경극의 기원을 따지려면 시간을 거슬러 올라가야 합니다. 원나라의 잡극이 발전하여 명나라에서는 '곤곡'으로 그 이름이 바뀌었고, 이후에 호북성의 '한극'이 영향을 미쳐 여기에 창唱을 더하게 되면서 안휘성 사람들이 즐기던 '휘극'이 되었습니다. 휘극은 주로 역사 속 이야기를 소재로 삼았는데 이것이 북경에 알려지면서 경극으로 발전하게 된 것이지요. 1790년, 황제인 건륭제의 생일을 축하하기 위해 안휘성에서 수도 북경으로 보낸 공연단이 처음으로 휘극을 청나라 황실에 선보였고 그것이 경극으로 이어졌던 것입니다. 이후 황실의 문인들이 그 문장과 틀을 다듬고 분장이나 의상이 점차 화려해지면서 오늘날과 같은 모습을 갖추게 되었습니다.

경극의 탄생에 결정적인 계기를 마련했던 건륭제는 강희제, 옹정제와 더불어 청나라를 대표하는 성군으로 칭송받는 군주입니다. 특히 학문과 예술을 사랑하고 장려했기 때문에 어떤 이들은 프랑스의 루이 14세와 비교하기도 합니다. 루이 14세가 발레의 기틀을 다졌던 것처럼 건륭제는 경극의 씨앗을 심고 가꾸었지요. 건륭제 이후 북경에 뿌리를 내린 경극은 빈부와 계층, 세대와 남녀를 초월하여 널리 사랑받는 무대예술로 자리 잡았습니다. 북경 사람 누구나가 다 경극을 사랑했지만 특별히 경제적으로 여유를 누렸던 사람들은 자신의 집에 경극을 공연할 수 있는 공간을 따로 마련하는 것이 일반적이었습니다.

경극을 사랑하고 아꼈던 사람들은 매우 많지만 가장 대표적인 사람을 꼽자면 서태후가 아닌가 싶습니다. 청나라 몰락의 주범으로 꼽히기도 하고 한편으로는 중국 역사상 둘도 없는 여걸로 평가받기도 하지만, 그 치적이나 과오보다는 다소 과장되어 전해지는 기행이 더욱 흥미로운 인물이기도 합니다. 그녀는 타고난 미모와 지략 덕분에 함풍제의 총애를 얻었고 그것을 발판으로 권력까지 손에 넣었다고 전해지고 있으나, 실상은 그렇지 않았다는 것이 정설로 받아들여지고 있습니다. 황제의 총애보다는 가까스로 쟁취한 잠자리에서 단 한 명뿐인 황제의 아들을 생산한 것이 권력의 열쇠였다는 것입니다.

서태후는 만주의 귀족 가문에서 태어났지만 전란 속에서 갖은 고생을 하며 성장기를 보낸 것으로 알려져 있습니다. 그러다가 17살에 궁녀로 뽑혀 황궁에 들어갔고 궁에 들어간 여인이라면 누구나가 그랬던 것처럼 황제의 총애를 받기 위해 안간힘을 썼지요. 그렇게 1년이 흐른 뒤 내관들을 매수한 서태후는 황제를 자신의 침소 가까운 곳으로 이끌게 했고, 바로 그때 노래를 불러 황제의 관심을 끌었던 것입니다. 천하절색들만 모여 있는 황궁이었기에 서태후는 미모보다는 오히려 발군의 노래실력이 돋보였다고 합니다. 이처럼 기예에 밝았던 그였기에 경극을 사랑하여 보는 것만 즐겼던 것이 아니라 나중에는 스스로 무대에 참여하기도 했지요.

1860년, 영국이 중국을 침략하자 열하로 피난을 떠난 함풍제는 병으로 세상을 떠나게 되고 여섯 살에 불과한 서태후의 아들이 황제로 즉위하니 그가 바로 동치제였습니다. 동치제의 나이가 어려 섭정을 할 수밖에 없는 상황이었는데, 생모인 서태후가 함풍제의 정비가 아니었던 탓에 정비였던 동태후도 함께 섭정에 임했습니다. 이 두 여인을 두고 동태후와 서태후라 했던 것은 그들의 거처가 각각 황궁의 동쪽과 서쪽에 위치했기 때문입니다. 서태후와는 달리 성품이 온화하고 후덕했던 동태후는 조정 대신들은 물론 친아들이 아닌 동치제와도 가까웠습니다. 그래서인지 동치제는 황후를 간택함에 있어서도 동태후의 의중을 따랐는데, 이럴수록 서태후는 동태후를 미워했고 결국은 동태후를 독살하고 홀로 권력을 손에 쥐게 됩니다.

결국 동치제는 성년이 되고 나서도 모후인 서태후의 간섭과 핍박을 견디지 못해 향락만을 일삼다가 병을 얻어 세상을 떠나고 맙니다. 이때 서태후는 자신의 권력을 유지하기 위해 동치제의 황후에게 남편을 핍박했다는 누명을 씌어 죽였고, 이제 겨우 3살인 조카 광서제를 제위에 올려놓은 뒤 또다시 섭정을 하게 됩니다. 광서제는 함풍제의 동생과 서태후의 여동생 사이에서 태어난 아들이었으니, 광서제에게 서태후는 큰어머니면서 동시에 이모였던 셈입니다. 19세가 된 광서제는 개혁파와 손을 잡고 서태후에 맞섰지만 이는 103일 만에 실패로 돌아갔고 이후 광서제는

죽는 날까지 갇혀 지내야만 했습니다. 10년이라는 세월 동안 여름이면 이화원에서, 겨울이면 중남해의 영대에서 갇혀 지냈던 광서제는 1908년 서태후가 세상을 떠나기 불과 하루 전에 서태후의 명으로 살해되고 맙니다. 이로써 동치제의 섭정으로 시작된 그녀의 통치는 48년 만에 막을 내렸고 이와 더불어 청 왕조 역시 역사 속으로 사라지게 되지요.

서태후는 황궁인 자금성보다 황실의 여름 별장인 이화원을 좋아해 나중에는 주로 이화원에 머물면서 정무를 돌보았다고 합니다. 이화원은 건륭제가 곤명호를 파고 만수산을 쌓으면서 오늘날의 모습을 갖추게 된 곳입니다. 1860년에 발발한 제2차 아편전쟁으로 그 대부분이 파괴되었으나 이후 서태후가 해군의 군비를 빼돌려 다시 지었지요. 정문인 동궁문을 지나면 그녀가 정무를 보던 인수전이 있고 그 북쪽에는 3층짜리 건물인 덕화원이 있습니다. 이곳이 바로 서태후가 경극을 관람하던 곳으로 그녀가 환갑이 되었을 때 은자 70만 냥을 들여 세웠으며, 그녀가 이곳에서 경극을 관람한 날은 일 년에 262일이었다고 합니다.

서태후는 청나라의 최고 권력자였기에 경극은 물론 음식이며 보석과 의복에 이르기까지 모든 것을 누릴 수 있었습니다. 보석 가운데는 비취를 특별히 좋아해서 몸에 걸치는 각종 장신구를 비롯해 식기와 악기까지도 비취로 만들게 했습니다. 비취에 대한 안목과 식견도 뛰어나 만지기만 해도 진짜와 가짜를 구별할 수 있었다고 합니다. 식사와 의복에서의 사치는 상상을 초월해 한 끼 식사를 위해 만 명의 농민이 하루를 먹을 수 있는 비용을 지출했고, 의복을 보관하는 상자가 3,000여 개에 이를 정도로 많아 하루에도 몇 번씩 옷을 갈아입었다고 하지요.

이렇게 모든 것을 가지고 모든 것을 누렸던 서태후였지만 단 한 가지만은 마음대로 하지 못했습니다. 자금성을 들어가는 정문인 오문의 한가운데 문을 지날 수 없었던 것입니다. 이 문은 황궁 법도상 황제만이 드나들 수 있는 문이었고 황후는 평생에 단 한 번, 황제와의 결혼식을 치를 때 가마를 타고 들어갈 수 있는 문이었습니다. 무려 48년 동안이나 최고의 권력을 누렸던 서태후였지만 황제도 황후도 아니었기에 그 문을 지나갈 수는 없었던 것입니다. 바로 이런 이유에서 그녀는 자금성을 피해 이화원을 자기만의 보금자리로 꾸미려 했던 것은 아니었을까요.

어쩌면 서태후는 지아비인 함풍제로부터 한 번도 애틋한 사랑을 받아보지 못했기에 경극 〈패왕별희〉를 보고 또 보며 항우의 애첩 우희를 부러워했을지도 모릅니다. 〈패왕별희〉에서 항우는 운명을 가르는 마지막 결전에서 라이벌 유방에게 패한 뒤 우희의 처소로 달려갑니다. 그러고는 "우희야, 이를 어찌할꼬. 장차 너를 어찌할꼬!"라고 탄식하며 오로지 우희의 앞날만을 걱정하지요. 그에게 있어 자신의 안위나 나라의 운명보다는 우희가 더 중요했나 봅니다. 우희 또한 그 극진한 사랑에 보답하려는 듯, 지금 이 순간만은 모든 근심을 내려놓으라며 주안상을 내온 뒤 항우 앞에서 검무를 추다가 그 검으로 자결하고 맙니다. 이것이 그들의 사랑이었지요. 최고 권력자도 부러워할 만큼 애틋하고 끈질긴 사랑. 항우도 가고 우희도 가고 세월 또한 덧없이 흐르지만 그 사랑은 여전히 남아 우리의 마음을 울리고 있습니다.

〈저는 이제 주님 앞으로 나아갑니다〉

바흐가 마지막으로 작곡한 작품은 〈푸가의 기법〉으로 알려져 있습니다. 이 작품은 15곡의 푸가와 4곡의 캐논으로 이루어져 있는데 푸가와 캐논에 대해 간단히 설명하면 다음과 같습니다. 우선 캐논은 일종의 돌림노래입니다. 하나의 선율을 한 성부, 혹은 한 악기가 먼저 시작하면 다른 성부나 악기가 따라하는 것으로 곡이 끝날 때까지 각각의 성부와 악기는 처음의 선율을 계속 반복하게 됩니다. 한편 푸가는 하나의 선율을 한 성부나 한 악기가 먼저 시작하면 이를 다른 성부나 악기가 따라하는 것은 캐논과 같습니다. 다만 앞서 선율을 제시한 성부나 악기는 다른 성부나 악기가 그것을 따라하는 동안 같은 선율을 반복하는 것이 아니라, 그 선율과 대조적이면서도 잘 어울리는 다른 선율을 내놓아야 한다는 차이가 있지요. 보통의 푸가는 이런 과정을 세 번 정도 거치며 마무리 됩니다.

〈푸가의 기법〉은 오늘날 대위의 모든 기법을 총망라한 전대미문의 역작으로 평가받고 있습니다. 서양음악에서 곡을 만드는 가장 기본적인 기법으로는 대위와 화성이 있습니다. 쉽게 말하자면 대위는 두 개 이상의 서로 다른 선율을 함께 만들어 가면서 서로 잘 어울릴 수 있는 가장 적합한 방법을 찾는 것이고, 화성은 하나의 선율을 먼저 생각한 다음 그것과 가장 잘 어울릴 수 있는 다른 음들을 찾아서 채워나가는 것이라고 할 수 있지요. 이 두 가지는 곡을 만들 때 함께 고려해야 할 변수들입니다.

그런데 〈푸가의 기법〉은 15번째 푸가를 다 마치지 못하고 239마디에서 중단됩니다. 게다가 악보 어디에도 이 곡을 어떤 악기로 어떻게 연주하라는 지시가 없습니다. 그래서 이 곡은 바흐가 죽고 한참 지난 1927년에야 라이프치히에서 처음 연주되었고 그 후로는 여러 악기들의 다양한 조합으로 연주되고 있습니다. 바흐가 이 곡을 완성하지 못한 것은 안과 수술의 후유증으로 실명했기 때문이라고 전해집니다. 그가 악기에 대한 별도의 지시를 넣지 않은 것을 두고 이 곡은 특정 악기만을 염두에 두지 않았기 때문이라는 말도 있고, 건반악기를 위한 것이라는 말도 있습니다. 물론 갑자기 작곡을 중단하였기에 미처 악기를 지시하지 못했을 것이라는 추측도 가능하겠지요.

사실 엄밀히 말하면 이 곡은 바흐의 마지막 작품이 아닙니다. 세상을 떠나기 불과 며칠 전, 바흐는 제자이자 사위였던 요한 크리스토프 알트니콜Johann Christoph Altnickol을 침대로 불러 그의 지시대로 악보에 적도록 시켰습니다. 그렇게 완성한 곡이 〈저는 이제 주님 앞으로 나아갑니다〉라는 제목의 코랄 프렐류드였으니, 이 곡이야말로 바흐의 진정한 마지막 작품인 셈입니다. 이러한 사연 때문에 오늘날 이 곡을 〈임종의 코랄〉이라 부르고 있으며 〈푸가의 기법〉을 연주한 다음 이어서 이 곡을 연주하는 경우도 있습니다.

여기서 한 가지 풀리지 않는 의문이 있습니다. 바흐는 이렇듯 누군가에게 받아 적게 하여 곡을 쓸 수도 있었으면서 왜 그토록 심혈을 기울였던 〈푸가의 기법〉은 같은 방법으로 완성하지 않은 걸까요? 이에 대한 답은 그의 독실한 신앙에서 찾을 수 있을 듯합니다. 그에게 있어 작곡이란 신이 주신 소명이었고, 그 자신은 단지 그 소명을 다하도록 만들어진 한낱 피조물일 따름이었습니다. 이러한 신념은 바흐가 생전에 그토록 많은 작품을 남길 수 있었던 비결이기도 하지요. 그러니 바흐에게는 더 이상 눈이 보이지 않게 된 것도, 그리고 그로 말미암아 작곡을 중단할 수밖에 없게 된 것도 모두 하늘의 뜻이었습니다. 따라서 그로서는 그저 순응하고 따르는 도리 밖에는 없었던 것입니다. 다만 임종의 순간에 완성한 마지막 곡은 그에게 주어진 소명으로서가 아니라, 소임을 마치고 부르심을 받은 그가 신에게 올리는 보고였습니다. 그러니 어쩌면 눈이 멀어 병상에 누웠을 때 바흐는 〈푸가의 기법〉을 완성하지 못하였음을 안타까워하기보다는 비로소 십자가를 내려놓게 되었음에 안도했을지도 모르는 일입니다.

아이제나흐에 위치한 성 게오르크 교회의 문서에 따르면 바흐는

1685년 3월 23일에 세례를 받았고, 이를 근거로 그 이틀 전인 3월 21일에 태어난 것으로 추측됩니다. 그는 일곱 살에 성 게오르크 교회 부속 라틴어 학교에 입학했고 이때부터 집안 살림에 보탬이 되기 위해 교회 성가대에 들어갔습니다. 아홉 살에 어머니를 여의고 열 살에 아버지를 잃은 바흐는 오르가니스트인 맏형 요한 크리스토프를 따라 오르도르프로 이주합니다. 이후 형이 소장한 당대 대가들의 작품 사보를 몰래 빼내 밤새도록 필사하며 음악을 공부했지요. 오르도르프의 학교에서 라틴어와 루터 정통파 신학을 배운 바흐는 형의 가족이 늘어나자 1700년 봄, 북독일 뤼네부르크의 고등학교에 입학하면서 자립합니다. 학교에 있는 동안 그는 북독일 학파의 다채로운 음악들을 접했습니다. 교회 오르간 연주의 대가 게오르크 뵘Georg Bohm을 만나기도 했고 함부르크에서 북독일 오르간악파의 대가 요한 아담 라인켄Johann Adam Reincken의 음악을 듣고 큰 감명을 받았습니다. 이웃 고장인 쩰레의 궁정악단 연주를 통해 프랑스악파의 양식도 알게 되었지요.

　어려운 형편으로 인해 바흐는 학교를 졸업하자마자 취직을 해야만 했습니다. 처음에 궁정악사로 일하던 그는 얼마 후 자신이 진정으로 원했던 아른슈타트의 교회 오르간 연주자로 취임합니다. 오르간 연주뿐만 아니라 성가대를 훈련시키는 일도 해야 했는데 18세인 바흐가 젊은 대원들과 길거리에서 주먹질하며 치고받기도 했다는 일화가 남아 있습니다. 늘 경건하고 성실했던 바흐에게도 이처럼 혈기 넘치던 젊은 시절이 있었던 것이지요.

이후 바흐의 음악 인생은 그가 살았던 장소에 따라 구분됩니다. 바로 아르슈타트와 뮐하우젠 시대, 바이마르 시대, 괴텐 시대 그리고 인생의 마지막을 보내며 말년의 걸작들을 만들었던 라이프치히 시대입니다. 음악가로서뿐만 아니라 가장으로서도 성실한 삶을 살았던 바흐는 늘 가족들에게 조금이라도 나은 생활여건을 만들어주기 위해 직장을 옮겼습니다. 마지막으로 라이프치히를 택한 이유 가운데 하나도 장성한 자녀들의 대학 교육을 위함이었지요. 이처럼 어떤 경우에도 주어진 조건에서 최선을 다했던 그의 삶으로 말미암아 그의 자녀들 또한 뛰어난 음악가로 성장했고, 오늘날에는 '기적'이라 일컬을 만큼 아버지의 명성을 이어가며 놀라운 업적을 후대에 남길 수 있었던 것입니다.

이런 바흐의 삶과 음악의 바탕에는 누구보다 깊고 든든한 신앙심이 자리 잡고 있었습니다. 그는 언제나 작곡을 시작할 때 악보에 '예수여 도와주소서Jesu Juva'를 줄인 J.J. 혹은 '예수의 이름으로In Nomine Jesu'를 의미하는 I.N.J.를 썼고, 마지막엔 항상 '오직 하나님께 영광Soli Deo Gloria'을 뜻하는 S.D.G.를 적었습니다. 뿐만 아니라 늘 성경을 가까이 두고 읽었으며 좋아하는 성경 구절에 "하나님께 드리는 음악이 있는 곳에 하나님은 항상 은혜로운 임재로 가까이 와 계신다"라는 주석을 적어두기도 했지요.

사실 특정한 종교가 아니더라도 우리 삶의 모든 것을 섭리하는 무엇인가가 있어 그것을 거스르지 않고 따라야 한다는 믿음이 있다면, 정말이지 겨자씨만 한 작은 믿음이라도 있다면 누구도 교만하거나 나태한 삶을 살지는 않을 것입니다. 그런 점에서 탁월한 음악은 물론, 성실하고 경건했던 삶으로도 우리에게 무한한 감동과 교훈을 주고 있다는 점에서 바흐는 위대한 인물임이 분명합니다. 그리고 그런 바흐를 본받아 그의 자녀들 가운데 몇몇 또한 아버지 못지않게 뛰어난 음악가로 성장해 빛나는 업적을 후대에 남길 수 있었던 것입니다.

언젠가부터 간직하고 있는 저만의 버킷리스트에는 바흐 순례가 포함되어 있습니다. 그가 태어난 아이제나흐에서 시작하여 성장기를 보낸 오르도르프와 뤼네부르크를 지나 아른슈타트와 뮐하우젠, 바이마르와 괴텐을 거쳐 라이프치히에서 마치게 될 이 여정을 통해 그의 삶의 자취와 향기를 조금 더 가까이 느껴볼 생각입니다. 혹시 이 순례에 동참하시겠다면 기꺼이 여러분 모두를 초대하겠습니다.

오늘을 있게 한 당신을 기억합니다

낙촌 樂村 이강숙

지난 2013년은 서울대학교 작곡과에 음악 이론 전공이 개설된 지 30주년, 한국예술종합학교가 개교한 지 20주년을 맞이하는 해인지라 음악계는 물론 예술계에도 뜻깊은 해였습니다. 그런데 떠들썩한 축하 분위기 속에서 제 마음에 가장 먼저 떠오르는 한 사람이 있었습니다. 이 땅에 음악학의 씨앗을 뿌렸고 한국예술종합학교를 설립한 뒤 초대 총장으로서 이를 우리나라 최고의 예술교육기관으로 자리 잡게 만든 장본인, 바로 낙촌樂村 이강숙 선생입니다. '낙촌'은 음악이 있는 마을이라는 뜻으로, 선생은 자신의 호를 딴 합창단 '음악이 있는 마을'을 만들어 창단한 후 지금까지 단장으로 있으면서 아마추어 음악 활동의 본보기가 되고 있습니다.

서울대학교에서 피아노를 전공한 선생은 이후 교편을 잡으며 누구나 부러워할 만한 위치에 올랐습니다. 하지만 과감히 그 자리를 버리고 미국으로 건너가 우리나라에선 아무도 시도하지 않았던 음악학에 도전했지요. 미시간대학교에서 박사 학위를 받고 미국에서 학생들을 가르치던 그는 1977년에 서울대학교 작곡과 교수로 부임합니다. 그리고 4년 뒤, 이론 전공 과정을 개설함으로써 우리나라 최초의 음악학 전공 과정을 만들었습니다. 또한 수많은 저서와 논문, 평론으로 우리나라 음악계의 새로운 흐름을 이끌었고, 특히 첫 번째 저서 《열린 음악의 세계》에서 제시한 '열린 음악'의 개념은 지금까지도 음악계는 물론 우리 사회 구석구석에 큰 영향을 미치고 있습니다.

실천하는 학자이자 평론가로서 KBS 교향악단의 초대 총감독을 맡기도 했지만 무엇과도 견줄 수 없는 그의 큰 업적은 한국예술종합학교 설립입니다. 국립극장 옆에 방 한 칸을 얻어 시작했지만 확실한 것은 아무 것도 없었습니다. 필요한 공간과 예산을 얻기 위해 그는 정부기관을 문지방이 닳도록 드나들어야 했고, 아침 일찍 정부 기획예산처 관계자들의 집 앞에서 기다리다가 출근하는 담당자를 붙들고 사정하기도 여러 번이었습니다. "당신 같은 사람이 이런 중요한 자리에 있어서 우리나라 문화예술계가 발전하지 못한다"라고 소리친 적도 많았지요. 또한 실체도 없는 학교에 오라며 각 분야의 내로라하는 교수진과 예술가들을 설득해야 했습니다. 방법은 오직 하나, 마음을 다해 끝까지 포기하지 않고 나아가는 것뿐이었습니다. 오죽했으면 선생 스스로도 자신을 버티게 한 힘은 '살인적인 인내'라고 말했을까요. 그렇게 어렵게 예산을 타내고 공간을 얻고 직원을 늘리면서 해마다 음악원, 연극원, 영상원, 무용원, 미술원, 전통예술원의 문을 열어 학교의 틀을 갖추게 되었습니다.

선생은 소통을 무엇보다 중요하게 여겨서 나이 어린 직원에게도 반말로 대하지 않았고, 무슨 일이든 명령이 아닌 설득으로 사람을 움직였습니다. 아무리 힘든 일도 회피하지 않고 정면으로 마주하며 이해 당사자 모두를 대화로 설득하는 그를 두고 사람들은 "민주적인 절차를 밟아 독재한다"라는 농담 아닌 농담을 하기도 했지요. 선생은 아무리 부하 직원이라도 사람들이 있는 자리에서는 질책하지 않았습니다. 늘 칭찬하고 격려하면서 잘못을 바로 잡을 필요가 있다 싶을 때는 반드시 따로 불러 야단을 치셨습니다.

뿐만 아니라 잠시라도 함께 일했던 교수와 직원들에 대해서는 끝까지 대소사를 챙기며 신의를 다했습니다. 학교에 있다가 문화부로 발령받은 직원이 있으면 새로 소속된 부서의 장에게 전화를 걸거나 함께 식사를 하며 각별한 부탁의 말을 잊지 않았습니다. 심지어 그 직원이 다른 부서로 옮겨가면 다시 새로운 부서의 책임자에게 연락해 전과 마찬가지로 부탁할 정도였지요. 이런 그를 가리켜 직원들은 '외삼촌'이라고 칭하며 무한한 존경과 애정을 표현했습니다. 학교를 준비하는 과정에서 사람들을 만나는 자리가 많아지자 소주와 맥주를 섞는 폭탄주를 애용했는데, 이는 비용과 시간을 절약하기 위한 고육지책이었습니다. 나중에는 이것이 널리 퍼지면서 다른 대학의 교수들마저도 '예종주'라 부르며 즐기기도 했지요.

8년간 몸담았던 학교를 떠나면서 이강숙 선생은 또다시 새로운 도전을 시작했습니다. 바로 젊은 시절부터 간직했던 소설가의 꿈을 이룬 일입니다. 뒤늦게 문단에 등단했기에 다른 활동은 모두 사양한 채 줄곧 집필에만 정진한 그는 이미 여러 편의 소설을 발표했고 머지않아 새로운 장편소설을 내놓을 예정입니다. 공부 잘하던 수재가 어느 날 갑자기 음악의 마법에 걸려 집안의 극렬한 반대를 무릅쓰고 음악의 길에 기꺼이 몸과 마음을 던졌습니다. 연습실을 지키려고 날마다 점심을 굶었고 그 때문에 폐결핵에 걸려 죽음의 문턱을 밟기도 했지요. 훗날 몸을 돌보지 않고 연구에만 몰두하다 위암에 걸리기도 했지만, 의지와 집념으로 일어나 오늘날의 한국예술종합학교를 있게 한 것입니다.

세상의 모든 열매 뒤에는 가장 먼저 씨앗을 뿌리고 땀과 눈물로 그것을 가꿔온 이들이 있었습니다. 눈이 오나 비가 오나 포기하지 않고 키워낸 수고가 있기에 훗날 많은 후배들이 그 열매를 맛볼 수 있었던 것입니다. 나는 지금 씨앗을 뿌리는 삶을 살고 있는지 한번 쯤 생각하고 싶은 하루입니다. 🎼

CON BRAVURA

대담하고 활기차게

있는 것을 연주하지 마라.
없는 것을 연주하고 창조하라.

- 마일즈 데이비스

음악이 만들어낸 놀라운 기적

콘세르바토리오
그리고 엘 시스테마

‘콘세르바토리오 conservatorio’가 음악원, 혹은 다른 예술 장르의 전문가들을 양성하기 위한 예술학교라는 것을 예술에 관심 많은 분이라면 이미 알고 있을 것입니다. 하지만 이 단어가 원래는 고아원과 같은 어린이 보호시설을 뜻한다는 사실을 알고 있는 사람은 많지 않습니다. 이 말은 원래 르네상스 시대, 혹은 그 이전부터 병원에 부설된 고아원을 지칭하던 이탈리아어인 콘세르바토리오에서 비롯되었습니다. 다른 말로는 병원을 뜻하는 ‘오스페달레 ospedale’라고 부르기도 했는데, 그 유명한 바로크 시대 작곡가 안토니오 비발디 Antonio Lucio Vivaldi가 원장으로 있었던 베네치아의 오스페달레 델라 피에타가 바로 여기에 해당합니다.

1703년 3월 23일, 사제 서품을 받은 비발디는 소녀들을 수용하는 이곳에 바이올린 교사로 부임했습니다. 당시 이런 시설들은 공적 지원금과 더불어 정기적인 일요 연주회의 수익금으로 운영되었는데, 이 음악회를 위해 비발디는 수백 곡이 넘는 협주곡을 작곡해야 했고 음악에 재능 있는 원생들을 훈련시켜 그 곡들을 연주하게끔 해야 했지요. 비발디가 오늘날 바로크 시대 협주곡의 거장으로 일컬어지고 있는 것도 이런 배경에서 비롯된 일이라는 사실이 놀라울 따름이지요. 오스페달레의 소녀들은 1714년에 지금은 전해지지 않는 비발디의 오라토리오 〈모이세스 데우스 파라오니스〉를 연주했으며, 2년 후에는 또 다른 걸작 〈승리한 유디타〉를 불렀습니다. 비발디가 지휘하는 소녀원의 성가대와 관현악단의 연주는 곧 베네치아 사람들의 입이 오르내리기 시작했고 나중에는 베네치아를 방문하는 외국인들조차 비발디의 연주회에 참석하는 것을 관례로 여길 만큼 유명해졌습니다.

한편 나폴리의 음악가들은 베네치아보다 앞선 16세기 초부터 갈 곳 없어 방황하는 어린이들을 돌볼 수 있는 보호시설의 필요성을 깨닫고 네 개의 고아원을 세웠습니다. 그곳에서 생활하던 어린이들은 교회의 예배 의식에 참여하며 서서히 교회 음악을 담당하게 되었고, 이들의 역할이 조금씩 중요해지면서 전문적으로 이들을 훈련시킬 필요성이 대두되었습니다. 음악가들은 노래와 악기 그리고 작곡 등을 가르쳤고 이는 서양음악사에서 나폴리 악파가 탄생하는 계기가 되었지요. 이런 역사를 거치면서 나폴리는 소년들을 위한 음악 교육의 중심지로, 베네치아는 소녀들을 위한 음악 교육의 중심지로 명성을 떨치게 됩니다. 그 결과 오스페달레 델라 피에타1346년 베네치아에 설립나 콘세르바토리오 데이 포베리 디 제수 크리스토1589년 나폴리에 설립와 같은 학교들이 명문으로 자리 잡을 수 있었고, 17~18세기 이탈리아 오페라 작곡가들의 상당수가 이곳에서 공부를 하거나 후학을 가르쳤습니다.

일반 학생들을 대상으로 한 세속적인 음악학교는 1784년 프랑스 파리에 처음으로 설립되었는데 1795년에 베르나르 사레트의 노력으로 국민공회는 이 학교를 재조직하여 국립음악예술학교로 이름을 바꾸었습니다. 이 학교의 주요 목적은 공화국이 주최하는 공공 연주회나 축제, 의식을 거행할 때 연주할 음악인들을 양성하는 것으로, 국비로 운영되어 수업료는 무료였으며 시험을 통해 입학이 결정되었지요. 나중에는 교육과정이 확대되어 작곡을 비롯해 성악 기법과 기악 기법, 파리의 여러 오페라 하우스와 극장에서 필요한 연기 지도 등도 포함되었으며 상대적으로 정치적 목적은 점점 희미해지게 됩니다. 많은 학생들이 엄격한 교육 방침에 저항하기도 했으나 그만큼 실기와 이론의 중심지로 인정받게 되었고, 1957년에 그 명칭이 파리 고등음악원으로 바뀌었습니다.

19세기가 되면서 프랑스의 음악학교에서 조금씩 변형된 형태의 학교들이 유럽의 다른 나라들과 미국 각지에 세워지기 시작합니다. 1807년 밀라노를 시작으로 1808년에는 나폴리에 음악학교가, 1811년과 1817년에는 각각 프라하 음악학교와 빈 음악원이 설립되었습니다. 작곡가 멘델스존과 슈만은 1843년 독일 라이프치히에 음악학교를 설립했지요. 영국에서는 1848년에 아일랜드 왕립 음악 아카데미가, 1890년에 스코틀랜드 왕립 음악 및 연극 아카데미가 설립되었습니다. 미국에서도

1857년부터 1867년까지 오하이오와 보스턴에 차례로 음악학교가 세워졌지요. 20세기 들어서는 뉴욕 주 로체스터에 있는 이스트맨 음악학교가 1917년에, 필라델피아에 있는 커티스 음악학교가 1924년에 문을 열었습니다. 1905년 설립된 음악예술학교와 1924년에 문을 연 줄리아드 대학원은 1926년에 합병되어 우리나라 사람들도 한 번쯤은 들어본 줄리아드 음악학교가 되었고, 이는 1968년에 다른 예술 장르를 포함하는 줄리아드 학교로 개편되었습니다.

한편 지난 2008년, 12월 14일부터 이틀 동안 예술의 전당과 성남아트센터에서 있었던 시몬 볼리바르 유스 오케스트라의 내한 공연은 우리 음악계에 큰 파장을 일으켰습니다. 뛰어난 연주가 감동을 주었기 때문이기도 하지만 그보다는 오케스트라와 관련된 아름다운 이야기가 가슴을 더욱 뭉클하게 만들었기 때문입니다. 이 오케스트라에 대해 이야기하려면 먼저 베네수엘라의 '엘 시스테마El Sistema'에 대해 설명해야 합니다. 1975년, 베네수엘라의 과학자이자 정치가인 안토니오 아브레우는 불우한 환경 때문에 방황하는 7명의 청소년들을 불러 자신의 집 지하 주차장에서 음악을 가르치기 시작했습니다. 배우고 싶어 하는 청소년들이 점차 늘어나면서 더 넓은 장소와 더 많은 재원이 필요하게 되었고, 이를 해결하고자 정부와 기업, 국민들에게 호소하면서 이는 범국가적인 음악교육 시스템으로 정착하게 됩니다. 이것이 바로 엘 시스테마입니다. 2015년에 40주년을 맞이한 엘 시스테마의 수혜자는 60만 명으로 늘어나 있으며, 전국 200개가 넘는 지역 센터에서 두 살부터 열여덟 살까지의 어린이와 청소년 25만 명이 1만 5천 명의 교사들로부터 지도받고 있다고 합니다.

더욱 놀라운 것은 배우고 있는 청소년 모두가 저소득층이거나 학습장애 혹은 신체장애를 가지고 있다는 점이고, 가르치는 교사들 또한 대부분 엘 시스테마의 초기 수혜자들이라는 사실입니다. 베네수엘라에는 이렇게 만들어진 어린이 오케스트라가 90여 개, 청소년 오케스트라가 130여 개나 된다고 합니다. 시몬 볼리바르 유스 오케스트라는 이중 가장 대표적인 오케스트라인 셈이지요. 여기서 교육받은 더블베이스 연주자 에딕슨 루이즈Edicson Ruiz는 최연소 기록으로 베를린 필하모닉에 입단하며 세계를 놀라게 했고, 2008년 내한 공연의 지휘를 맡은 구스타보 두다멜Gustavo Dudamel은 28세의 나이로 LA 필하모닉 상임 지휘자로 발탁되는 기염을 토하기도 했습니다.

모두들 시몬 볼리바르 유스 오케스트라를 두고 이전에는 볼 수 없었던 놀라운 사례로 받아들이고 있지만, 사실 음악이 만들어낸 기적은 전부터 있어 왔던 일입니다. 시몬 볼리바르 유스 오케스트라는 내한 공연을 할 당시 부산에 있는 소년의 집 오케스트라 단원들을 연주회에 초청했습니다. 부모님이 없는 남학생들이 함께 생활하고 있는 부산 소년의 집에는 자생적으로 만들어진 오케스트라가 있습니다. 사라 장과 협연하고 정명훈이 지휘하면서 주목을 받기 시작했지만, 아직도 세상의 관심은 그다지 크지 않고 이를 격려하려는 의지도 보이지 않는 것 같아 안타까울 때가 많습니다. 이탈리아의 콘세르바토리오의 정신이 훗날 엘 시스테마로 나타난 것처럼, 엘 시스테마 정신으로부터 소년의 집 오케스트라가 새로운 힘을 얻고 그 뜻과 길이 활짝 열려 우리 모두의 자랑으로 자리 잡기를 간절히 바랄 뿐입니다.

나는 살기 위해 죽으리라!

부활을 노래한
말러의 〈교향곡 2번〉

오스트리아 작곡가 말러는 낭만주의 시대의 마지막을 살면서 교향곡이 지닌 한계에 도전했던 작곡가입니다. 태어나면서부터 병약했던 그는 잇따른 형제들의 죽음을 비롯해 지나칠 정도로 의지하고 따랐던 어머니의 죽음을 지켜보아야 했습니다. 그로 인해 죽음의 그림자는 그의 마음 속 깊은 곳에 자리 잡았고 그의 모든 음악에도 짙게 드리우게 되었습니다. 어쩌면 그 때문에 말러는 일찍부터 삶의 굴곡에 일희일비하지 않으려고 음악에 몰입하였는지도 모릅니다.

그래서인지 20대에 작곡한 첫 번째 교향곡 〈거인〉에는 이미 삶의 덧없음이 드러나 있습니다. 〈거인〉은 낭만주의 시대 독일의 소설가 장 폴 디트리히 리히터의 동명 소설에서 그 이름을 얻었으나, 소설의 줄거리를 모르는 사람들은 단지 '거인'이라는 제목만으로 이 곡이 마치 운명을 벗어나려는 한 인간의 초인적인 투쟁을 그리고 있다고 오해하기도 합니다. 그래서 말러는 세상에 이 곡을 내놓고 얼마 지나지 않아 이 곡과 각 악장에 붙였던 부제 그리고 짧은 글들을 모두 삭제해버렸지요. 사실 말러에게 영향을 주었던 리히터의 소설은 천재적인 한 청년이 숱한 고뇌와 방황을 겪으며 삶의 덧없음을 깨닫는다는 내용을 담고 있습니다. 그래서 말러의 제자이기도 했던 브루노 발터는 이 곡을 가리켜 '말러의 베르테르'라고 불렀습니다.

〈거인〉이 사람이 산다는 것은 무엇이고 어떻게 살아야 하는지를 묻고 있다면, 그로부터 6년 후에 세상에 나온 두 번째 교향곡 〈부활〉은 마치 그 질문에 대답이라도 하려는 듯 고난으로 가득한 삶을 다 견디고 죽음에 이르렀을 때 인간이 얻게 될 부활이 무엇인지에 대해 말하고 있습니다. 앞서 베토벤이 〈교향곡 9번〉에 합창을 넣어 그토록 염원했던 자유와 평등을 부르짖었듯이 말러의 〈교향곡 2번〉 또한 사람들의 목소리로 부활을 외쳤으니, 결국 말러의 〈교향곡 2번〉은 베토벤의 부활이자 합창 교향곡의 부활인 셈입니다. 모두 5악장으로 이루어진 이 곡은 30분에 조금 못 미치는 1악장은 물론, 한 시간 반에 이르는 전체 연주 시간 역시 그 이전에는 찾아볼 수 없었던 경우입니다. 연주에 참여하는 악단과 합창단의 규모 또한 거대하여 열 대의 호른과 열 대의 트럼펫을 포함해 일곱 대의 팀파니와 철금에 종까지 있어야 하고, 두 대의 하프와 오르간에 두 명의 독창자와 대규모 합창단까지 필요하니 그야말로 전대미문의 대작이라고 할 수 있지요.

말러는 1악장에 '장례식'이라는 제목을 붙였는데 그것은 먼저 만들어진 〈거인〉에 등장하는 영웅의 장례식이기 때문이라고 했습니다. "이제 그를 땅에 묻고 그의 삶을 따라가 본다"라고 말하며 말러는 우리에게 이렇게 질문을 던집니다.

"당신은 왜 사는가? 어째서 고통받고 있는가? 삶이란 그저 거창하고 소름끼치는 농담에 지나지 않는 것인가?"

그리고 스스로 다음과 같이 말합니다.

"살기를 바라든지 죽기를 바라든지, 우리는 어떻게든 이 질문에 대답해야 한다. 살면서 단 한 번이라도 이런 의문을 품었다면 그에 대한 답을 찾아야 할 것이다. 그 대답은 마지막 악장에 등장한다."

한편 렌틀러 형식을 취하는 느린 2악장은 말러의 말대로 '영웅의 삶을 잠시 비추었던 햇빛'처럼 밝고 따사롭습니다. 렌틀러는 왈츠의 뿌리가 된 오스트리아 농민들의 민속춤으로 뮤지컬 〈사운드 오브 뮤직〉에서 주인공인 폰 트랩 대령과 마리아가 무도회장 밖에서 추던 춤입니다. 이처럼 2악장에서는 행복했던 젊은 시절을 돌아보고 이제는 남아있지 않은 순수함을 못내 아쉬워하며 그리워합니다. 1악장과 2악장은 이렇듯 너무나 대조적인 분위기를 띠고 있어 말러는 두 악장 사이에 적어도 5분

이상은 쉬어야 한다고 말했지요.

그러나 달콤했던 순간도 잠시, 3악장에서는 다시 어지러운 현실이 펼쳐집니다. 말러가 '오목 거울 속에 비친 세상'이라고 말한 것처럼 모든 것이 뒤틀리고 삐뚤어져 혼란스럽기만 합니다. 그러다 4악장에 이르면 알토의 목소리가 태초의 빛처럼 그윽하게 울리며 고통받는 인간 세상을 위로합니다. 이때 알토가 부르는 노랫말은 말러가 전에 작곡한 〈어린이의 이상한 뿔피리〉에서 가져온 것입니다. 마지막에 이르면 마침내 "나는 신에게서 났으니 신에게로 돌아가리라. 신은 나에게 빛을 주셨고 그 빛은 영원한 생명에 이르기까지 나를 비추리라"고 하지요.

5악장에 들어서면 말러가 '절망의 울부짖음'이라 표현한 불협화음이 들리고 이어서 트럼펫이 공포의 팡파르를 울리면, 호른의 소리가 멀리서 들려오며 심판의 날이 다가왔음을 알립니다. 심판의 날에는 엄청난 지진이 일어나 땅이 갈라지고 무덤이 열리면서 죽은 자들이 일어나 울부짖습니다. 자비와 용서를 구하는 그들의 목소리와 심판의 나팔 소리가 들리는가 싶더니 세상은 다시 고요한 침묵 속으로 빠져듭니다. 그리고 이때 성인과 천사들이 노래합니다. "일어나라, 자 일어나라 나의 죽음이여, 찰나의 고요가 지나면 영원한 삶! 영원한 삶이 너를 부른다!" 프리드리히 클롭슈토크의 시에서 가져온 이 부분이 끝나면 드디어 말러가 직접 쓴 가사가 등장합니다.

O glaube, mein Herz, o glaube
오, 믿어라, 나의 마음이여, 오 믿어라

Es geht dir nichts verloren!
너는 아무 것도 잃지 않았다!

Dein ist, ja dein, was du gesehnt!
네가 바로, 그래, 네가 그리워한 것이 바로 너였다!

Dein, was du geliebt,
네가 바로 네가 사랑했던 것,

Was du gestritten!
네가 싸워서 얻고자 했던 것이다!

O glaube
오, 믿어라

Du wardst nicht umsonst geboren!
너는 까닭 없이 태어나지 않았다!

Hast nicht umsonst gelebt, gelitten!
까닭 없이 살아있는 것이, 까닭 없이 견디는 것이 아니다!

Was entstanden ist
살아있는 것들은

Das muß vergehen!
반드시 흙으로 돌아가리라!

Was vergangen, auferstehen!
죽은 것들은, 다시 일어나리라!

Hör' auf zu beben!
두려움을 거두어라!

Bereite dich zu leben!
너의 삶을 준비하라!

O Schmerz! Du Alldurchdringer!
오, 고통이여! 아무도 피할 수 없는 것이여!

Dir bin ich entrungen!
나는 고통에서 나오리라!

O Tod! Du Allbezwinger!
오, 죽음이여! 모두를 지배하는 것!

Nun bist du bezwungen!
이제 네가 지배당하리라!

Mit Flügeln, die ich mir errungen,
날개를 달고, 내가 얻어낸 날개를 달고,

In heißem Liebesstreben,
저 뜨거운 하늘에서,

Werd'ich entschweben
나 날아오르리라.

Zum Licht, zu dem kein Aug' gedrungen!
빛을 향해, 세상이 모르는 빛을 향해!

Sterben werd' ich, um zu leben!
나는 살기 위해 죽으리라!

Aufersteh' n, ja aufersteh' n
일어나라, 자, 일어나라

wirst du, mein Herz, in einem Nu!
나의 마음이여, 어서 일어나라!

Was du geschlagen
네게 주어진 고통은

zu Gott wird es dich tragen!
신에게 나아가기 위해 짊어져야 할 것!

우리는 모두 까닭 없이 태어나지 않았습니다. 그리고 죽어야 다시 태어날 수 있습니다. 죽지 않고서는 아무도 거듭나서 다시 살 수가 없는 것이지요. 인간은 태어난 곳으로 다시 돌아가기 마련입니다. 그곳이 신이든 아니면 자연이든 말입니다. 그리고 그곳으로 돌아가려면 살아가는 동안 누구나 자신만의 고통을 견뎌내야 합니다. 그렇기에 단테는 《신곡》의 〈지옥〉 편에서 '살아서 지옥을 건넌 자만이 죽어서 천국에 들 수 있다'라고 말했던 것입니다. 바로 이것이 부활의 참 뜻입니다. 말러는 이 깨달음을 우리 모두와 함께 나누기 위해 이 작품에 그토록 많은 것들을 쏟아 부었던 것이지요. 한 송이 국화꽃을 피우기 위해 봄부터 소쩍새가 그토록 울었던 것처럼 말입니다. 인간사의 본질을 꿰뚫어보는 말러의 〈교향곡 2번〉을 들으며 삶과 죽음 그리고 고통과 부활에 대해 다시 생각해 봅니다.

21세기 클래식 음악의 메카, 핀란드

2014년, 애플의 아이패드 광고에 등장하는 한 남성이 사람들의 시선을 사로잡았습니다. 그가 때와 장소를 가리지 않고 오로지 아이패드만으로 작곡을 하다가 마지막에 그가 지휘하는 오케스트라가 아름다운 화음으로 그 곡을 연주하는 장면은 사뭇 인상적이기까지 했지요. 광고 속 그 남성의 이름은 에사 페카 살로넨Esa Pekka Salonen. 우리식으로는 1958년생 개띠이며 핀란드에서 나고 자란 세계적인 지휘자이자 작곡가입니다. 핀란드의 수도 헬싱키에 있는 시벨리우스 음악원에서 호른과 음악 이론, 지휘와 작곡을 전공했고 1979년에 지휘자로 데뷔한 이후 지금은 세계에서 가장 주목받는 음악가로 활동하고 있지요.

1983년, 살로넨은 마이클 틸슨 토마스Michael Tilson Thomas의 대역으로 필하모니아 오케스트라를 지휘하며 들려준 말러의 〈교향곡 3번〉을 통해 단번에 뛰어난 능력을 인정받았습니다. 이후 핀란드 방송 교향악단과 스웨덴 방송 교향악단, LA 필하모닉 등을 거쳐 지금은 필하모니아 오케스트라의 상임 지휘자로 재직하고 있습니다. 영국의 음악 평론가 노먼 레브레히트는 저서 《거장 신화》에서 1950년대 이후 출생한 지휘자들 가운데 거장의 반열에 올려놓을 수 있는 이들로 사이먼 래틀과 리카르도 샤이Riccardo Chailly, 발레리 게르기예프Valery Gergiev 그리고 정명훈과 더불어 살로넨을 언급하고 있습니다. 그는 작곡가로서도 지휘자 못지않은 활약을 보여주고 있어 〈관현악을 위한 LA 변주곡〉과 〈색소폰 협주곡〉 등의 대표작이 있으며, 그가 등장하는 아이패드 광고의 배경음악 역시 직접 작곡한 〈바이올린 협주곡〉입니다.

사실 살로넨뿐만 아니라 오늘날 핀란드 출신 음악가, 특히 지휘자와 작곡가들의 활약은 거의 독보적이라고 할 만합니다. 살로넨보다 두 살 위의 유카 페카 사르사테Jukka-Pekka Saraste 역시 거장의 반열에 올라 있으며 특히 더욱 주목해야 할 대상은 이들 다음 세대가 아닌가 싶습니다. 이미 스칸디나비아반도 여러 국가에서 오케스트라를 이끌고 있는 지휘자들의 70% 정도가 핀란드 출신이라고 하니, 앞으로 세계 무대에서 두각을 나타낼 신진 지휘자가 나타난다면 두 명 중 한 명은 핀란드 출신일 것이라는 예측까지도 가능한 셈이지요.

핀란드를 대표하는 음악가라면 누구나 장 시벨리우스Jean Sibelius를 가장 먼저 떠올릴 텐데요. 그렇다면 시벨리우스의 명성과 위상을 이을 만한 핀란드 출신의 작곡가로는 누가 있을까요? 두말할 필요 없이 아이노 유하니 라우타바라Einojuhani Rautavaara입니다. 1955년, 미국의 쿠세비츠키 음악재단은 90회 생일을 맞은 시벨리우스에게 그가 추천하는 핀란드 출신 젊은 작곡가의 미국 유학 비용을 전액 부담하겠다는 제안을 했습니다. 그 행운의 주인공이 바로 라우타바라였지요. 지금 그는 미국 내 오케스트라들이 가장 자주 작품을 위촉하고 연주하는 작곡가로 명성을 떨치고 있으며, 심지어 미네소타에서는 그의 이름을 앞세운 라우타바라 음악제가 열리기도 합니다. 그의 교향곡 7번 〈빛의 천사〉는 칸 클래식 음반상을 수상했고 〈알렉시스 키비〉를 비롯한 여러 편의 오페라 또한 많은 사람들의 호응을 얻고 있습니다. 라우타바라는 시벨리우스 음악원 교수와 헬싱키 필하모닉 오케스트라 총감독, 핀란드 예술지원심의회 회원을 역임했는데, 시벨리우스 음악원에 재직할 무렵 그가 가르쳤던 제자가 바로 살로넨이었습니다.

그렇다면 북유럽의 작은 나라 핀란드가 이처럼 클래식 음악, 그중에서도 특히 지휘와 작곡 분야에서 성큼 앞서나가고 있는 까닭은 무엇일까요? 당연히 그 나라 국민들의 각별한 음악 사랑을 가장 먼저 꼽아야겠지만, 그것이 가능하도록 뒷받침하는 정책이 없었다면 불가능한 일이었을 것입니다. 핀란드는 인구 대비 정부의 예술 지원 예산이 세계에서 가장 많은 나라입니다. 그로 말미암아 핀란드를 대표하는 오케스트라인 헬싱키 필하모닉과 핀란드 최고의 공연장인 핀란디아 홀 연주회의 입장권은 전석이 15유로에 불과합니다. 그것도 경로 우대석은 10유로, 학생과 실업자는 5유로면 입장권을 살 수 있으니 놀라울 따름이지요.

또한 1993년부터 시행된 교향악단법에 따라 전국 모든 오케스트라의 예산 중 25%는 국가가 지원하고 있습니다. 그렇다고 국가가 나서 오케스트라를 창단하는 것은 아닙니다. 먼저 각 지역의 시민과 음악 애호가들이 오케스트라를 결성한 뒤 지방자치단체의 지원을 받아 소요 예산의 60% 이상을 확보했을 때 국가가 나서는 방식입니다. 덕분에 인구 500만의 이 작은 나라에 스물 두 개의 오케스트라가 있는가 하면, 전체 인구의 10%가량이 거주하는 수도 헬싱키에만 세 개의 오케스트라가 활동하고 있지요. 세계에서 가장 연주회를 자주 가는 사람들이 있는 나라 역시 핀란드입니다. 그래서 핀란드 사람들은 오케스트라가 없는 도시는 도시가 아니라고 한답니다. 이런 환경에서 좋은 지휘자들이 길러지는 것은 당연한 일입니다. 게다가 교향악단마다 상주 작곡가를 두고 있어 재능과 역량을 갖춘 많은 작곡가들이 그 기회를 통해 자신의 작품을 무대에 올려 널리 알릴 수도 있지요. 이런 경험을 통해 실력과 경력을 차곡차곡 쌓은 지휘자와 작곡가들이 당당하게 세계 곳곳에 진출할 수 있는 것입니다.

그런데 상당한 예산을 지원하고 음악을 연주하며 들을 수 있는 기회를 많이 만든다고 해서 반드시 뛰어난 음악가들이 많이 배출되는 것은 아닙니다. 모든 일이 그렇듯이 교육이 뒷받침되지 않는 정책은 뿌리 없는 나무를 가꾸는 일이나 다름없지요. 핀란드는 1969년부터 유치원에서 대학원에 이르는 모든 교육기관에서 누구나 예술 교육의 혜택을 누릴 수 있도록 제도를 마련했고, 핀란드 최고의 음악교육기관인 시벨리우스 음악원 역시 그 예산의 대부분을 정부가 부담하고 있습니다.

여류 작곡가 카이야 사리아호Kaija Saariaho와 더불어 또 한 명의 핀란드 출신으로 활발하게 활동하고 있는 작곡가 칼레비 아호Kalevi Aho를 아시는지요? 그는 한때 시벨리우스 음악원 교수로 있었고 라티 심포니 오케스트라의 상주 작곡가이기도 했지만, 지금은 모든 직책을 내려놓고 헬싱키에 살면서 창작에만 전념하고 있습니다. 이처럼 작곡가가 생계에 연연하지 않고 작품에만 모든 힘을 쏟을 수 있는 것은 핀란드의 '예술가 연금제도' 덕분입니다. 이것은 예술가가 역량과 업적을 인정받으면 일정 기간 생활에 필요한 모든 비용을 지원하는 제도입니다. 결과물을 제출해야 하는 등의 의무 조항이 없어 선정된 작곡가들은 아무런 제약없는 환경에서 작곡에만 몰두할 수 있습니다. 참으로 부러운 제도가 아닐 수 없지요.

그러고 보니 시벨리우스 역시 32세 때 연금을 받기 시작했고 십 년 후부터는 종신연금의 혜택을 누리기도 했지요. 그 덕분에 여생을 헬싱키 북쪽에 위치한 아르벤파 숲속에서 칩거할 수 있었고, 심지어 핀란드 정부는 그 근처를 지나는 비행 항로까지 바꾸면서 그의 창작을 지원했습니다. 핀란드 정부는 시벨리우스가 계속해서 위대한 예술적 업적을 보여주기를 기다리고 또 기다렸지만 결국 기대와는 전혀 다른 결과를 받아들여야 했습니다. 그가 종신연금을 받은 이후에는 이렇다 할 작품을 내놓지 않았던 것입니다. 그래서 지금도 사람들은 이를 두고 배부른 예술가보다 오히려 배고픈 예술가가 더 낫다는 주장을 펼치기도 합니다. 한번 이런 일을 겪었으니 제도를 바꿀 생각을 충분히 할 만한데 핀란드 정부는 지금까지도 예술가들을 지원하는 연금제도에 대한 믿음을 버리지 않고 있습니다. 그리고 이것이 오늘날의 핀란드를 세계 클래식 음악계의 중심으로 우뚝 서게 한 것입니다.

유럽에 비하면 클래식의 역사가 한참 짧은 우리나라입니다. 그럼에도 세계를 깜짝 놀라게 하는 우리의 지휘자와 작곡가 그리고 연주자들이 있어 자랑스러울 따름입니다. 하지만 그 명성에 비해 척박한 환경을 볼 때는 죄스러운 마음마저 들 때가 있지요. 언젠가는 핀란드처럼 체계적이고 합리적인 지원을 통해 우리 클래식 음악계가 세계의 중심으로 떠오르는 날을 꿈꿔봅니다. 🎼

공연장의 CEO는 무엇을 지녀야 하는가

에스플러네이드
그리고 벤슨 푸아

지금으로부터 10년 전의 일입니다. 싱가포르에 우리나라의 예술의 전당과 같은 복합문화공간인 에스플러네이드Esplanade가 문을 열었다는 소식을 듣고 직접 가서 봐야겠다는 마음을 먹었습니다. 이왕이면 제가 가르치는 학생들을 데리고 가서 함께 경험하면 더욱 좋겠다는 생각이 들었지요. 방학을 이용해 '세계 문화현장 탐방'이라는 계절 과목을 개설한 뒤 에스플러네이드의 CEO 벤슨 푸아Benson Puah에게 메일을 보냈습니다. 나는 어느 학교에 몸담고 있는 누구이며 이러저러한 목적으로 학생들과 그곳을 방문하고 싶은데 제공할 수 있는 정보나 편의가 있는지, 혹시 우리 학생들을 직접 만나 대화하는 자리를 가질 수 있는지 등을 묻는 내용이었지요.

놀랍게도 메일을 보낸 후 점심을 먹고 연구실로 돌아왔더니 벌써 답장이 와 있었습니다. 이렇게 알게 되어 반갑고 참 좋은 취지의 일이니 기꺼이 돕겠다며, 그 방법을 함께 고민하자는 말이었습니다. 그리고 이후 세부 사항의 제안과 결정은 비서를 통해 진행할 테니 연락을 주고받자는 제안을 덧붙였습니다. 일단은 큰 친분이 없는 외국인에게 이토록 빠른

회신을 받은 적이 없어 놀랐고, 엄밀히 말하면 그쪽 입장에서는 성가시고 귀찮을 뿐 그다지 이익을 볼 일이 아님에도 긍정적이고 성의 있는 반응을 보였다는 사실이 더욱 놀라웠습니다.

그런데 이는 겨우 시작에 불과했습니다. 처음 메일을 주고받은 지 몇 시간이 지나지 않아 그에게서 또 하나의 메일이 도착했습니다. 속으로 '그러면 그렇지. 아마도 이런저런 사정을 핑계로 협조가 불가능하다는 내용이겠거니' 라고 지레 짐작하며 내용을 보았더니 전혀 그게 아니었습니다. 아무래도 학생들을 상대하는 일이니 나이 많은 비서보다는 이제 막 대학을 졸업하고 입사한 신입사원이 더 적격이라는 생각에 그런 직원 한 사람을 지정해 이후 연락과 진행을 모두 담당하두록 하겠다는 것이었습니다. 일면식도 없는 외국인이 뻔뻔하게 메일로 부탁하는 일을 마다하지 않은 것만으로도 고마울 따름인데, 이렇게까지 배려하는 마음 씀씀이에 어안이 벙벙할 뿐이었습니다. 불과 몇 분 전까지만 해도 삐딱했던 제 마음이 너무나도 부끄러웠지요.

그렇게 서로 연락을 주고받으며 일정을 짰고 마침내 저와 학생들은 싱가포르에 도착했습니다. 늦지 않으려고 일찍부터 서두른 탓에 한 시간이나 일찍 도착했고, 어쩔 수 없이 각자 둘러보다가 약속 시간에 맞춰 로비에서 모이기로 했습니다. 그러고는 저 역시 혼자 이곳저곳을 둘러보고 있는데 어느 학생으로부터 전화가 왔습니다. 로비에서 우연히 푸아 대표와 마주쳤는데 일찍 도착했다는 말을 듣더니 그럼 일정을 앞당겨 진행하자고 했다는 것입니다. 학생들을 모아 약속 장소로 갔더니 직원들이 배석한 가운데 푸아 대표와 다른 간부들이 직접 진행하는 발표와 질의응답 시간이 마련되어 있었습니다. 이렇게까지 준비하리라고는 상상도 하지 못했기에 놀랄 수밖에 없었습니다.

그뿐만이 아니었지요. 이후 에스플러네이드 곳곳을 둘러보는 투어를 푸아 대표가 직접 인솔했는가 하면, 예정에 없던 저녁 식사 자리와 공연 관람까지 준비되어 있었습니다. 소박하지만 깔끔한 음식이 준비된 저녁 식사를 하는 동안 그는 학생들이 앉아 있는 모든 식탁을 빠짐없이 돌며 격의 없는 이야기를 나누었습니다. 또한 업무로 인해 낮에 함께하지 못했던 직원들은 퇴근길에 잠시 들러 학생들과 인사를 나누고 명함을 건넸습니다. 정말이지 '그 대표에 그 직원들'이라는 말로밖에 설명할 수 없었지요.

이렇게 시간이 지날수록 예상을 뛰어넘는 감동적인 경험을 하게 되자, 이날의 마지막 순서인 공연 관람 때는 또 무엇이 기다리고 있을지 잔뜩 기대에 부풀었습니다. 클래식 음악, 특히 오페라를 좋아한다고 했고 이곳 오페라 극장에서 모차르트의 오페라 〈피가로의 결혼〉이 공연 중이라는 것을 확인했기에 그 공연에 초대받으리라 예상했지요. 그런데 푸아 대표가 초대한 자리는 야외무대에서 펼쳐지고 있는 민속음악 공연이었습니다. 지나가는 사람 누구라도 구경할 수 있는 무료 공연이었기에 적잖이 실망했던 저는 그에게 그 까닭을 듣고 또 한 번 감동하지 않을 수 없었습니다. 싱가포르 국민들 대부분은 아직 클래식 음악이나 오페라에 큰 관심이 없어 당장은 그들이 친숙하게 받아들일 수 있는 공연을 부담 없이 즐길 수 있는 기회를 마련하는 것이 먼저라고 생각했고, 이는 바로 에스플러네이드의 당면 과제이기에 우리 일행에게 그 현장을 보여주려 했다는 것입니다. 그렇게 사람들이 자꾸 이 공간을 찾다 보면 언젠가는 바로 옆에서 벌어지고 있는 다른 종류의 공연들에도 점차 호기심을 갖게 될 것이고, 그때는 그것을 관심과 호감으로 바꾸기 위한 노력이 뒤따라야 할 것이라는 말을 들을 수 있었습니다.

이러한 설명을 듣고 보니 그곳의 이름을 '산책로'를 뜻하는 에스플러네이드라고 지은 까닭을 짐작할 수 있었습니다. 저녁을 먹고 여유롭게 거닐다가 거리낌 없이 찾아가는 이웃집처럼 늘 궁금하고 정겨운 곳이기를 바라는 마음이 담겨 있다는 생각이 들었던 것이지요. 건축 당시에는 '싱가포르 아트센터'라는 이름으로 불렸지만 개관 무렵 널리 공모하여 채택된 이름이라고 했습니다. 또한 싱가포르에 복합문화센터가 생긴 것은 일본보다 늦고 그보다 앞선 우리보다는 한참이나 늦었지만, 정작 그에 대한 진지한 고민과 모색을 시작한 것은 아시아의 다른 어떤 나라보다 먼저라는 사실도 그날 처음 알게 되었습니다. 우리처럼 남들 보기에 그럴듯하게 일단 만들어놓고 보자는 것이 아니라, 요모조모 따지고 심사숙고한 끝에 만들고 그러고 나서도 차근차근 세심하게 준비했던 것입니다.

또한 전에 없던 것이 처음 생겼으니 그 책임자를 물색하는 일도 쉽지 않았을 것입니다. 경험 있는 경력자가 없었을 테니 말입니다. 그런데 여기서도 싱가포르 사람들은 남다른 선택을 했습니다. 상식과 원칙을 앞세운 것이지요. 에스플러네이드가 단순한 공연장이나 전시장을 넘어 복합문화센터라는 점에서 결국은 서비스를 제공하는 공간이니, 그렇다면 서비스업에 오래 종사하여 최고의 위치에 오른 전문가들 가운데 문화 예술 전반에 관한 애정과 지식이 풍부한 사람이 책임을 맡아야 한다는 것입니다. 푸아 대표는 그렇게 해서 선택된 사람이었습니다. 싱가포르 최고의 호텔 경영자였고 아울러 다양한 예술 장르와 문화 전반에 대한 남다른 식견이 있었기 때문입니다.

준비한 발표를 듣는 동안 '그러면 그렇지, 그래서 그랬구나'라는 생각을 하고 있는데 질의응답 시간에 한 학생이 다소 민망한 질문을 던졌습니다. 호텔 경영자였던 당시와 지금의 연봉을 비교해달라는 것이었습니다. 푸아 대표가 예전에 비하면 지금의 연봉은 비교도 할 수 없을 정도로 적은 액수라고 답하자 누군가 다시 질문을 던졌습니다. 그렇다면 왜 지금의 자리를 맡게 되었냐는 것이었지요. 이에 대한 그의 대답은 어느 때보다 단호하고 분명했습니다. 그는 호텔 경영자로 일하는 동안 서비스업에 종사하는 한 사람으로서 누구보다 긍지와 자부심을 느꼈지만, 딱 한 가지 아쉬운 점이 있었다고 했습니다. 그것은 서비스를 늘 특정의 소수에게만 제공할 수밖에 없다는 점이었습니다. 늘 그 점이 마음에 걸렸기에 불특정 다수, 즉 누구에게나 열려 있고 모든 이들에게 감동을 전할 수 있는 에스플러네이드를 선택했다는 것입니다.

지금도 세계 각지를 다니면서 만난 사람들 가운데 누가 가장 기억에 남느냐는 질문을 받을 때면 저는 주저 없이 푸아 대표라고 대답합니다. 그리고 공연장이나 전시장, 혹은 복합문화센터의 경영자로 어떤 사람이 적합한지 의견을 물어올 때면 그를 예로 들며 이야기하지요. 서비스업에 오래 종사하여 그 능력을 인정받고 최고의 위치에 오른 전문가들 가운데 문화 예술 전반에 관한 관심과 소양, 애정과 지식이 풍부한 사람이 적임자라고 말입니다. 우리나라에도 다양한 공연장이 있습니다. 그 공연장을 이끌어가는 이들 중 단 몇 명만이라도 푸아 대표와 같은 마음가짐을 지니고 있다면, 우리의 공연장 역시 사람들이 마실 나오듯 친근하게 다가오는 공간이 될 수 있을 거라는 상상을 해봅니다.

쇼스타코비치의
〈레닌그라드〉

사람이 저지르는 악행 가운데 전쟁보다 더한 것이 있을까요? 사람이 살면서 겪을 수 있는 일 가운데 전쟁보다 끔찍한 일이 또 있을까요? 역사 속에 존재하는 수많은 전쟁들 가운데 제2차 세계대전만큼 많은 사람들이 고통 받았던 전쟁은 없었을 것입니다. 그리고 그 당시 있었던 크고 작은 전투 가운데 가장 처참했던 것을 꼽으라면 지금의 러시아에서 있었던 레닌그라드 공방전이 아니었나 싶습니다. 1941년 9월부터 1944년 1월까지 무려 2년 반을 끌며 최소 300만 명 이상의 사상자를 낸 이 전투는 역사상 최장 기간 동안 최다 사상자를 기록한 포위전이었습니다. 전투 중 죽고 다치는 고통은 말할 것도 없었고 러시아의 혹독한 겨울을 세 번이나 나는 동안 포위한 독일군이나 포위 당한 소련군은 물론, 레닌그라드 시민들마저 굶어 죽고 얼어 죽는 일이 부지기수였지요. 시체 썩는 냄새가 코를 찌르는데도 살기 위해 인육까지 먹어야 했으니 죽는 것이 사는 것보다 낫다는 말이 나올 지경이었습니다.

그런데 전투가 시작된 지 약 1년 만인 1942년 8월 9일, 지옥보다 더 처참한 레닌그라드에서 기적과도 같은 음악회가 열렸습니다. 모든 것이 무너지고 파괴된 폐허 속에서, 다치고 병들어 걷기도 힘든 사람들이 하나둘씩 레닌그라드 필하모니 그랜드 홀로 모여들기 시작했습니다. 전장에 있어야 할 군인들마저도 공연장으로 달려왔지요. 혹시 공연을 하는 동안 독일군의 공습이 있을까 우려한 소련군 사령관 고보로프는 독일군 진지에 집중 포격을 지시했고, 명령에 따라 소련군 포병대는 2시간 20분 동안 쉬지 않고 포격을 퍼부었습니다. 이렇게 전장의 군인들마저 있는 힘을 다해 공격함으로써 무사히 끝낼 수 있었던 그날의 연주곡은 '레닌그라드'라는 부제가 붙은 드미트리 쇼스타코비치Dmitrii Shostakovich의 〈교향곡 7번〉이었습니다. 이날 연주회에 오지 못한 시민들과 군인들은 확성기로, 혹은 라디오 방송을 통해 울려 퍼진 이 교향곡을 들으며 눈물을 흘리지 않을 수 없었습니다. 그 감동과 감격은 죽음의 공포에 떨고 있던 이들에게 위로와 용기를 선사했고, 이를 통해 그들은 처참한 상황에서도 희망을 품은 채 버틸 수 있었을 것입니다.

그 스스로도 레닌그라드 시민이었던 쇼스타코비치는 군에 입대하여 참전하고자 했으나 지독한 근시에 약골이라 뜻을 이루지 못했고, 소비에트 당국의 엘리트 보호정책으로 말미암아 가족과 함께 후방인 쿠이비셰프로 옮겨지게 됩니다. 거기서 나마 레닌그라드에 남겨진 사람들을 위해 무엇인가 해야겠다고 마음먹은 그는 전부터 쓰던 교향곡의 마무리에 박차를 가했고, 마침내 1941년 겨울에 완성하여 이듬해 3월 볼쇼이 극장 오케스트라의 연주로 쿠이비셰프에서 초연했습니다. 이 곡을 내세워 나치에 대한 전투 의지를 고무시키려는 소비에트 당국의 전략에 힘입어 연주회의 성공이 널리 알려졌고 악보를 구하려는 요청이 세계 각지에서 밀려들었지요. 미국에서는 뉴욕 필하모닉과 보스턴 심포니 오케스트라는 물론, 필라델피아 오케스트라와 클리블랜드 오케스트라까지 미국을 대표하는 네 개의 오케스트라가 동시에 이 곡을 초연하려는 계획을 세우며 치열하게 경쟁했습니다. 하지만 마이크로필름에 담아 군용기로 보낸 악보는 결국 토스카니니가 지휘하는 NBC 교향악단에게 전해져 이들을 통해 미국에서 초연이 이루어졌고 이후로 미국 각지에서 60여 회 연주되었습니다.

이제 남은 일은 이 곡을 누구보다 먼저 들었어야 할 레닌그라드 시민들에게 들려주는 일이었습니다. 당장 포위를 뚫고 레닌그라드로 악보를 보내는 것부터 불가능에 가까운 일이었지만, 갓 스물을 넘긴 공군 중위 리트비노프에게 이 역사적인 사명이 주어졌고 그는 목숨을 걸고 임무를 완수했습니다. 하지만 악보를 건네받은 레닌그라드 라디오 심포니 오케스트라의 지휘자 카를 엘리아스베르크Karl Eliasberg가 감당해야 할 책임은 그 이상이었습니다. 이미 오케스트라 단원들 대부분은 입대했거나 피난을 가서 없었고, 레닌그라드에 남아 있던 많은 단원들은 사망한 상태였습니다. 그나마 생존한 사람들도 건강이 상해 움직일 수 없는 이들이

CON BRAVURA

대부분이었지요. 또한 악보를 보니 보통의 교향곡보다 훨씬 더 많은 연주자가 필요한 데다가, 작곡자는 어떤 경우에도 지정된 악기의 종류와 수를 바꾸지 말라는 지시를 굵은 글씨로 강조해두었으니 이런 상황이라면 누구든 어쩔 도리가 없었을 것입니다.

이런 상황에서도 엘리아스베르크는 끝까지 포기하지 않았습니다. 혹시나 하는 마음에 사방으로 단원들을 찾아 나섰고, 그런 노력 끝에 죽은 줄로만 알았던 타악기 연주자가 살아서 시체실에 누워 있는 것을 찾아내기까지 했습니다. 그는 군 당국에 악기를 조금이라도 다룰 줄 아는 병사라면 누구라도 좋으니 보내달라고 요청했는데 그렇게 모인 병사들 가운데는 두 다리가 없는 부상병도 있었습니다. 이처럼 어렵게 모은 단원들로 밤낮없이 쉬지 않고 연습에만 매달린 끝에, 마침내 불가능할 것만 같았던 연주가 기적처럼 이루어졌던 것입니다.

훗날 작곡자인 쇼스타코비치가 삭제했지만 〈레닌그라드 교향곡〉에는 각 악장마다 부제가 붙어 있었습니다. 1악장은 '전쟁', 2악장은 '회상', 3악장은 '조국의 광야', 마지막으로 4악장은 '승리'라는 부제를 지니고 있었지요. 1악장은 마치 적군이 점점 가까이 다가오는 모습을 그리는 것처럼 악기들의 조합만 달라지며, 같은 리듬과 선율이 계속 반복되는데 그 소리가 점점 커져갑니다. 마치 모리스 라벨Maurice Ravel의 〈볼레로〉처럼 말이지요. 점점 조여 오는 전쟁의 공포를 온몸으로 느끼는 순간, 쇼스타코비치는 아마도 평화로웠던 지난 시절을 회상하고 아름다운 조국의 들판을 떠올리며 두려움에서 벗어나려 했을 것입니다. 그렇게 공포를 이기고 분노를 눌러 평온하고 따뜻한 마음을 되찾는 것이 승리라고 생각했을 것입니다. 베로니카 베치가 쓴 《음악과 권력》이라는 책을 보면 이 곡을 작곡한 까닭을 쇼스타코비치 스스로 밝힌 대목이 인용되어 있습니다.

"전쟁은 말로는 다하지 못할 슬픔과 불행을 가져온다⋯⋯. (중략) 근심은 우리를 짓눌러 숨을 쉬지 못하게 만든다. 근심이 우리 모두의 목을 조르니, 나라고 예외일 수는 없다. 나는 음악으로 근심을 바꿀 수밖에 없었다. 이것이 나의 의무이자 책임이란 걸 깨달았다. 나는 모든 죽음을 위해, 모두의 번뇌를 위해 진혼곡을 만들어야 했다. 시시각각 종말로 향하는 두려움을 드러내야만 했고 그것에 맞서려는 저항의 의지를 보여주어야 했다."

쇼스타코비치는 음악으로 자신의 두려움을 극복하고 함께하는 이웃들을 일으키고자 했습니다. 세상을 둘러싼 모든 죽음과 번뇌와 근심이 음악을 통해 용기 있는 저항으로 바뀌는 것을 꿈꾸었지요. 이런 마음이 다른 사람들에게도 오롯이 전해져 모두 같은 꿈을 꾸며 각자의 임무를 다했고, 마침내 역사상 가장 처참하고 치열했던 전장에서 아름다운 음악이 울려 퍼질 수 있었던 것입니다. 처참한 전쟁 속에서 희망으로 피어난 〈레닌그라드〉. 이 곡이 오늘날 우리에게 들려주는 것은 세상에서 가장 악한 것을 이기는 세상에서 가장 선한 것의 힘이며, 세상에서 가장 더러운 것을 깨끗하게 씻어내는 세상에서 가장 아름다운 것의 기적입니다. 🎼

〈살짜기 옵서예〉

얼마 전 김종필 전 총리의 부인 박영옥 여사가 오랜 투병 끝에 세상을 떠나면서 세간의 이목이 다시 한 번 이들에게 집중되었습니다. 과거와 현재를 망라한 정치계의 거물들이 대거 조문했고 이 과정에서 그들과 김 전 총리가 나눈 이야기가 언론을 통해 전해졌지요. 대다수는 그 말에 담긴 정치적 의미에 관심을 기울였지만, 더러는 부인에 대한 그의 애틋한 사랑과 그것을 표현한 남다른 감성에 주목했습니다. 김 전 총리 자신도 뇌졸중으로 쓰러져 휠체어 신세를 지고 있으면서 그 몸으로 아내의 병상을 지켰다는 것도 감동이었지만, 아흔에 접어든 노정객이 마지막 입맞춤으로 평생의 반려자를 떠나보냈다는 이야기는 더욱 뭉클했습니다. 더불어 김 전 총리가 한국전쟁 와중에 박 여사에게 청혼할 때 로버트 브라우닝의 시 〈한 마디만 더〉에 나오는 '한 번, 단 한 번, 단 한 사람에게'라는 구절을 인용하며 사랑을 고백했다는 사실이 알려지면서 정치가에게, 더구나 그 세대의 정치가에게는 도저히 어울리지 않을 듯한 이러한 면이 의외라는 반응이 나오기도 했습니다.

그렇습니다. 사실 오래도록 잊혔지만 그는 원래 이런 사람이었습니다. 그리고 한때는 세상 모두가 그의 이런 면모를 잘 알고 있기도 했지요. 지금 우리가 이처럼 놀랍다는 반응을 보이는 것은 세월이 많이 흐른 탓에 기억하는 사람이 많지 않기 때문일 것입니다. 그래서 더 늦기 전에 한 가지 사실만은 꼭 널리 알려 모든 사람들이 기억했으면 합니다. 김종필 전 총리는 누구보다 예술을 사랑했으며 예술이 우리네 삶에서 얼마나 중요한 것인지를 잘 아는 사람이었습니다. 그렇기에 그가 우리나라 예술계 전반에 미친 영향과 업적은 하나 둘이 아니었지요. 그 가운데 가장 두드러지는 업적이라면 그가 우리나라 최초의 뮤지컬을 탄생시킨 장본인이라는 사실입니다.

제3공화국의 2인자였던 그는 최고 권력자의 견제와 주변의 질시로 말미암아 두 번씩이나 원치 않는 외유를 떠나야 했습니다. 처음은 미국이었고 다음은 유럽이었는데, 그곳이 어디든 그의 눈과 귀에는 늘 예술이 보이고 들렸던 모양입니다. 1966년 8월 13일자 조선일보에는 그가 두 번째 외유에서 돌아온 뒤 음악 평론가 박용구와 나눈 대담이 다음과 같이 실렸습니다.

김종필 : 저번 외유 때의 일이지요. 마침 탱글우드(미국 매사추세츠 주 소재)에서 그 유명한 유진 올만디가 보스턴 심포니를 지휘해서 연주를 한다지 않아요? 그래서 350km를 달려 들으러 갔

지요. 그 레퍼토리 가운데 쇼팽의 피아노 협주곡 제1번이 있기 때문이기도 했지요.

박용구 : 쇼팽의 제1번을 좋아하시나 보군요.

김종필 : 나는 솔로보다는 콘체르토를 좋아해요. (내가 좋아하는 곡은) 피아노에선 쇼팽의 제1번, 바이올린은 멘델스존의 콘체르토이지요.

박용구 : 솔로는 역시 개인 플레이에 그치는 것이고 콘체르토는 솔로 악기와 오케스트라의 대화로써 이루어지는 것이니까요.

김종필 : 바로 그것입니다. 인간 사회가 염원하는 건 그런 대화지요. 그 내와 속에서 하모니가 빚어지면 너 말할 나위가 없지 않습니까. 내가 음악을 동경하는 건 어쩌면 정치에서 이룩해보고자 하는 이상이 그곳에 있기 때문인지도 모르지요.

박용구 : 음악이 흐르는 정치, 참 좋은 이야기입니다.

김종필 : 스웨덴에서 목격한 일입니다. 국왕이 소년 오케스트라에 끼어서 클라리넷을 불고 있더란 말입니다. 우리 정치인들은 메말라 있어요. 낡은 권위 의식에 사로잡혀서 민중과 어울려 하모니를 만들 생각을 안하니 메마를 수밖에 없지요. 음악도 우리나라에서는 전문가가 되면 그렇지 않습니까?

박용구 : ……

김종필 : 어머니가 극성스럽게 비싼 수업료를 바쳐가면서 피아노를 가
르치지만 그 피아노가 생활을 부드럽게 해주고 있는 것 같지
는 않습니다. 음악이 생활화되기 위해서는 이렇게 피아노를
배우는 아이가 회사에서 피로해서 돌아오신 아버지를 위해서
피아노를 들려준다든가 하여 가정의 하모니에 음악이 참여해
야 하는데 그렇지 못한 것 아닙니까.

대담이 있은 지 두 달 후인 1966년 10월 26일, 우리나라 사람들이
직접 제작하고 무대에 올린 최초의 뮤지컬 〈살짜기 옵서예〉가 서울시민
회관에서 그 모습을 드러냈습니다. 이는 설화 〈배비장전〉에서 그 이야기
를 가져온 것으로 무려 34편에 이르는 우리의 고전소설과 설화를 검토
하여 엄선한 작품이었지요. 〈배비장전〉은 원래 판소리 열두 마당에 포함
되어 있었으나 고종 때 신재효가 여섯 마당으로 줄이면서 빠진 것이라고
합니다. 신임 제주목사를 따라 아전으로 부임한 주인공 배비장이 처음에
는 짐짓 청백리로 살려고 하나 주변 사람들이 모두 그를 골려주려고 기
생 애랑을 앞세운 탓에 골탕을 먹고 망신만 당한다는 이야기를 담고 있
습니다. '살짜기 옵서예'는 제주 방언으로 '살며시 오세요'라는 뜻으로, 이
뮤지컬은 원작을 각색하여 배비장과 애랑의 사랑 이야기에 보다 초점을
맞추었습니다.

공연에 투입된 300여 명의 인원과 300만 원의 제작비는 당시로는 그 누구도 감히 엄두를 낼 수 없는 규모였으며 나흘간 공연장을 찾은 16,000여 명의 관객 또한 전례가 없는 숫자였습니다. 하지만 이 같은 인기에도 불구하고 〈살짜기 옵서예〉는 얼마 후 공연을 접어야만 했습니다. 미국의 존슨 대통령이 갑작스레 방한하게 되면서 대규모 환영 행사를 치를 장소가 없어 공연장을 비워줘야 했기 때문입니다. 〈살짜기 옵서예〉는 김영수가 극본을 맡았고 박용구와 황운헌이 가사를, 최창권이 작곡을 담당했습니다. 연출은 임영웅과 백은선이, 안무는 임성남이 맡았지요. 주인공인 애랑과 배비장은 각각 가수 패티 김과 한상림이 열연했고 방자역에는 나영수, 채봉역에는 소프라노 문혜란이 발탁되었는가 하면 코미디언 곽규석과 탤런트 김성원까지 동원되는 등 그야말로 우리나라를 대표하는 연예인과 국악인, 클래식 음악가들이 힘을 보탰습니다.

이들이 바로 '예그린 악단'입니다. 1961년 5·16 군사정변 직후에 창단되었지요. 당시 중앙정보부장이었던 김종필은 혼란으로 어수선했던 사회의 분위기를 가라앉히려면 북한의 피바다 가극단에 필적할 만한 공연단의 활동이 필요하다는 생각에서 창단을 주도했고, 이듬해 1월에는 춤과 음악이 어우러진 〈3천만의 향연〉을 창단 기념 공연으로 무대에 올렸습니다. 1963년 김종필 중앙정보부장이 자리에서 물러나 외유를 떠나면서 예그린 악단도 해산의 운명을 맞이하였지만, 1966년에 돌아온 김종필이 공화당 의장으로 부임하면서 예그린 악단 역시 부활하게 됩니다. 이후 김종필 의장의 확고한 의지와 전폭적인 지원으로 우리나라 최초의 뮤지컬이 탄생하게 된 것이지요.

예그린 악단은 모든 면에서 시대를 앞서갔습니다. 단원들의 월급은 일반 회사원들의 다섯 배나 되었고 이들에게는 공연 광고를 차체에 달고 다니는 전용 통근 버스가 제공되었습니다. 악단이 보유한 40인조 오케스트라는 오늘날의 초대형 뮤지컬 공연에서도 엄두를 내기 힘든 규모입니다. 또한 장르의 벽을 허문 파격적인 시도로 말미암아 클래식 음악을 전공한 오케스트라 단원들 중에는 대중가요 작곡자의 지휘를 외면한 채 악보만 보고 연주하는 이들도 있었지만, 나중에는 이들도 끈질긴 설득과 관객들의 환호로 점차 마음을 바꾸게 되었습니다.

뿐만 아니라 한국무용을 전공한 단원들에게 팔이 모두 드러나는 옷을 입혔는가 하면, 성악가들에게는 정확한 가사 전달을 위해 서양음악의 발성법인 벨칸토 발성을 포기하고 우리말에 맞는 새로운 발성을 익히게 하였으니 처음에 겪었을 혼란과 저항은 불을 보듯 뻔한 일이었습니다. 〈살짜기 옵서예〉의 마케팅 역시 지금에나 겨우 생각할 수 있을 만큼 시대를 앞선 것이지요. 운영·홍보실장이었던 황운헌은 공연을 올리기 전에 이미 음반부터 만들어 방송국에 돌렸고, 주제가인 〈살짜기 옵서예〉가 먼저 방송을 타면서 그 인기와 관심이 공연의 흥행으로 이어졌습니다.

1968년, 김종필이 공화당을 떠나면서 예그린 악단은 또다시 해체의 아픔을 겪게 됩니다. 이후로 여러 차례 부활을 시도했지만 여의치 않았고 이후에는 국립극장 산하의 국립가무단으로, 다시 세종문화회관 산하의 시립가무단으로 그 간판을 바꿔가며 명맥을 이어갔습니다. 그렇게 점점 사람들의 기억 속에서도 사라졌다가 이제야 김종필 전 총리의 이야기를 듣고 불현듯 그 흔적을 더듬게 된 것이지요.

"희랍 사람들은 정치를 예술이라고 그랬답니다. 예술의 경지에까지 정치를 끌어올리려 했으니 희랍 정치가들의 꿈이 얼마나 장하고 위대합니까? 모든 예술이 아름다운 음악을 동경하듯이 모든 정치가 진정 아름다운 음악의 세계를 동경하고 개척해 놓는다면 그게 바로 이상향이죠. 음악적인 국가. 음악적인 정치. 말만 들어도 그게 바로 인간의 유토피아구나 하고 느껴집니다."

김종필 전 총리가 오래 전 남긴 말입니다. 아흔을 넘긴 그는 일찌감치 부인과 함께 묻힐 묘소에 세울 비석의 비문을 마련했다고 하니 이 또한 참으로 남다른 일이 아닌가 싶습니다. 비문의 마지막은 다음과 같습니다.

"내조의 덕을 베풀어준 영세永世 반려伴侶와 함께 이곳에 누웠노라."

어쩌면 스스로 묘비명을 미리 써둘 수 있는 여유야말로 진정 풍류를 알고 그것을 즐길 줄 아는 풍류가객의 멋이 아닌가 싶습니다. 문득 아일랜드 시인 예이츠의 묘비명이 생각납니다.

"삶과 죽음에 차가운 시선을 던져라. 말을 탄 나그네여, 그냥 지나쳐 가라."

〈헤이 주드〉 그리고 〈비긴 어게인〉

2014년, 영화 애호가들의 많은 관심과 사랑을 받았던 영화 〈비긴 어게인Begin Again〉은 한물 간 프로듀서가 우연히 무명 가수의 노래를 듣고 숨은 가능성을 발견하여 우여곡절 끝에 성공으로 이끈다는 줄거리를 가지고 있습니다. 이렇듯 다소 진부한 이야기에 사람들이 그토록 뜨거운 반응을 보인 것은, 누구나 속을 뻔히 들여다 볼 수 있는 뼈대에 탱탱한 살을 입히고 피를 둘러 영화를 살아 움직이게 만든 작가와 연출자 그리고 연기자와 스태프들의 뛰어난 능력 덕분이었습니다. 영화에 삽입된 음악 또한 영화가 개봉하기 전부터 사람들의 입에 오르내릴 만큼 매력적이었지요. 관객들에게 가장 기억에 남는 장면을 묻는다면 대부분 등장인물들이 연주를 하거나 노래하는 장면들일 텐데요. 그 가운데 하나만 고르라면 아마도 뉴욕의 어느 빌딩 옥상에서 펼쳐진 연주가 아닐까 싶습니다. 녹음에 필요한 스튜디오 사용료를 마련하지 못한 주인공들은 뉴욕 시내 곳곳을 다니며 녹음을 하기로 마음먹습니다. 그렇게 아이들이 노는 뒷골목에서 시작한 녹음 작업은 어느덧 어느 건물의 옥상에 이르러 끝난다는 설정이지요.

그런데 이 장면은 비틀스의 발자취를 기억하는 사람들에게는 또 다른 감동으로 다가왔을 것 같습니다. 그리고 이 영화를 만든 사람들 또한 비틀스를 추억하고 그들의 정신을 다시 살리고자 했다는 사실에 뿌듯해했을지도 모르지요. 1969년 1월 30일 점심시간 무렵, 비틀스 멤버들은 답답한 스튜디오를 벗어나 어느 빌딩의 옥상으로 올라갔습니다. 그렇게 예정에 없던 연주가 시작되었고 그들은 경찰이 출동해서 멈추기까지 약 42분 동안 공연 아닌 공연을 계속했습니다. 공교롭게도 그날 연주한 다섯 곡의 노래들 가운데 마지막 곡은 〈겟 백Get Back〉이었지만 그들은 끝내 그 자리로 돌아오지 못하고 뿔뿔이 흩어져 각자의 길을 가게 됩니다. 그날의 옥상 공연이 비틀스 멤버들이 함께 한 마지막 공연이었던 셈입니다.

사실 비틀스의 해체는 오래 전부터 예견된 일이었습니다. 무명의 밴드였던 그들을 발굴하여 전대미문의 성공으로 이끌었던 매니저 브라이언 엡스타인이 갑자기 세상을 떠나자 구심점을 잃은 멤버들은 서로 다른 관심사를 나타내기 시작했고, 그동안 쌓였던 갈등이 불거지면서 더 이상 함께할 수 없는 지경에 이르렀던 것입니다. 이때 폴 매카트니는 새로운 매니저를 영입하는 대신 애플 사社를 설립합니다. 이 애플 사의 옥상이 비틀스의 마지막 공연이 벌어진 바로 그 건물입니다. 매카트니는 애플 사를 통해 비틀스의 연주와 음반 작업을 전담시키는 한편, 과거의 그들처럼 가능성을 지난 무명의 젊은 음악가들을 발굴하여 기회를 주고자 했지요. 하지만 이는 오히려 비틀스의 해체를 앞당기는 결과를 가져오고 말았습니다. 매카트니의 생각과 의욕이 너무 앞선 데다가 회사의 실적이 기대에 크게 미치지 못했기 때문입니다.

비록 뜻을 이루지는 못했지만, 재능 있는 무명의 음악가에게 기회를 주겠다는 애플 사의 정신은 어쩌면 〈비긴 어게인〉과 같은 영화를 통해 되살아나고 있는지도 모릅니다. 그리고 바로 이런 맥락에서 애플 사의 옥상에서 펼쳐졌던 비틀스의 마지막 연주를 떠올리도록 영화 속 한 장면을 그렇게 연출했을 것입니다. 그러고 보니 비틀스의 열렬한 팬이었다는 스티브 잡스가 훗날 회사를 세운 뒤, 비틀스의 애플과 같은 이름을 사용하고자 그토록 오랜 시간과 많은 비용을 들여 소송까지 마다하지 않은 까닭 역시 이러한 '기회의 정신'을 계승하고자 한 것인지도 모릅니다. 그 자신이 차고에서 먹고 자는 힘들고 어려운 시절을 견디며 성공에 이르렀기에, 그처럼 남다른 생각과 패기를 가진 누군가의 꿈을 응원하고 격려하는 것이 얼마나 중요한지 누구보다 잘 알았을 것입니다.

2012년, 런던 올림픽의 개막식에 매카트니가 나온다는 소식을 들었을 때 비틀스의 팬들은 수많은 명곡들 가운데 그가 어떤 곡을 선택할지 무척 궁금해했습니다. 그런데 드디어 나타난 그가 〈헤이 주드 Hey Jude〉를 불렀을 때, 정말이지 그토록 오랜만에 세상 사람들이 다 보고 있는 무대에 올라 하필 그 곡을 선택한 까닭이 무엇인지 짐작한 사람은 많지 않았지요. 알려진 것처럼 제목에 들어간 '주드'는 존 레넌의 아들 줄리안의 애칭으로, 이 노래는 부모의 이혼으로 힘들어했던 줄리안을 위로하기 위해 만든 곡입니다. 그런데 매카트니가 격려하고자 했던 주드는 친구의 아들일 뿐만 아니라 음악의 길을 걷고자 하는 모든 어린 지망생들이었을 것입니다. 그가 애플 사를 설립하여 처음 발매한 싱글 앨범에 이 곡을 앞세웠던 것도 이러한 이유가 아니었을까요.

오늘날 전 세계의 민주주의 국가들은 너나없이 '자유'와 '평등'을 건국이념의 첫 번째와 두 번째 가치로 내세웁니다. 세 번째에 이르면 나라마다 조금씩 달라지는데, 프랑스의 경우는 누구나 아는 것처럼 '박애'가 그 자리를 차지합니다. 미국의 경우는 이 자리에 오는 것이 다름 아닌 '기회'입니다. 그렇습니다. 나라를 세운 지 이제 겨우 200년이 조금 넘은 나라가 벌써 오래 전부터 세계의 질서를 앞장서서 이끌게 된 비결은 바로 여기에 있는 것 같습니다. 사람들의 가슴 속에 '기회의 땅 미국'이라는 믿음, 즉 아메리칸 드림을 심어주었기 때문입니다. 기회는 누구나 꿈꿀 수 있는 세상을 만듭니다. 매카트니의 〈헤이 주드〉, 비틀스의 애플 그리고 영화 〈비긴 어게인〉은 누군가의 꿈을 응원한다는 공통점을 지니고 있습니다. 누구나 꿈꾸는 세상을 꿈꾸는 것, 그것이 진정한 기회의 시작입니다.

옛 것으로 새로운 세계를 창조하다

브람스의
〈교향곡 4번〉

음악의 나라 독일이 자랑하는 이른바 '3B 작곡가'가 있습니다. 바흐와 베토벤, 브람스가 바로 그 주인공들이지요. 바흐가 바로크 시대의 끝을 살면서 고전주의 시대의 터전을 닦았다면, 베토벤은 고전주의 시대를 마감하고 낭만주의 시대를 활짝 열었습니다. 낭만주의 시대의 한가운데에 있었던 브람스는 바흐를 다시 찾고 베토벤을 넘어 200년 독일 음악의 전통을 드높이 쌓아올렸지요. 특히 베토벤이 죽고 그 누구도 그가 남긴 교향곡에 다가서지 못하고 있을 때, 브람스는 처음으로 그의 교향곡을 계승하며 그와 견줄 만한 교향곡을 내놓았고 마침내 베토벤과는 또 다른 세계를 열어 보였습니다.

친구인 헤르만 레비에게 보내는 편지에서 브람스는 "언제나 거인이 내 뒤로 성큼성큼 쫓아오는 소리를 들어야 한다고 생각해 보게. 자네는 절대로 그 기분을 상상할 수 없을 걸세"라고 썼다고 하지요. 이것만 봐도 베토벤의 교향곡이 브람스에게 얼마나 큰 부담이었는지 짐작할 수 있을 것입니다. 사실 이것은 브람스뿐만 아니라 그 시대를 살아가는 작곡가들 모두가 안고 있는 고민이었습니다. 작곡가면서 음악 평론가로도 유명했던 슈만조차도 활기를 잃어가는 당시의 음악계를 개탄하며 새 시대에 걸맞는 새로운 교향곡이 나타나기를 갈망하는 글을 썼지만, 그 자신에게도 그것은 벅찬 일이었습니다.

브람스 역시 20년 넘게 망설이고 뜸을 들이다가 마흔세 살에야 첫 교향곡을 내놓을 수 있었습니다. 얼마나 가슴을 졸였으면 지휘자 한스 폰 빌로우가 자신의 첫 번째 교향곡을 두고 '베토벤 교향곡 10번'이라 했음에도 화를 내기는커녕 안도의 한숨을 쉬었을까요. 그리고 몇 달이 지나지 않아 브람스는 두 번째 교향곡을 완성했고 그로부터 6년 후에는 세 번째 교향곡을 내놓았습니다. 사람들은 열광하면서도 그의 〈교향곡 2번〉을 베토벤의 〈교향곡 6번〉에 빗대어 '브람스의 〈전원〉'이라 했고, 〈교향곡 3번〉 또한 베토벤의 〈교향곡 3번〉을 떠올리며 '브람스의 〈영웅〉'이라 불렀습니다. 그러나 말년에 작곡한 그의 마지막 교향곡인 〈교향곡 4번〉을 두고는 아무도 베토벤의 교향곡을 언급하지 않았습니다. 드디어 브람스만의 음악이 완성된 것입니다.

당대의 음악학자이며 음악 평론가였던 에두아르트 한슬리크Eduard Hanslick는 브람스의 〈교향곡 4번〉을 가리켜 '어두움의 근원'이라고 말했습니다. 이전까지 브람스의 단조 교향곡들은 전에 베토벤이 그랬던 것처럼 마지막에 가서는 늘 장조로 바뀌면서 승리의 환희를 노래하는 듯했지만, 이 곡만큼은 단조의 어두운 분위기를 끝까지 끌고 가며 마치고 있기 때문입니다. 즉 브람스는 드디어 베토벤의 그늘에서 벗어나 이 곡을 통해 자신만의 세계를 드러낸 것입니다. 또한 가운데 음역대의 비올라와 클라리넷의 음색 그리고 낮은 음역대의 첼로와 호른이 빚어내는 담담한 빛깔이 브람스 특유의 고독과 애수를 그윽하게 그려내고 있습니다.

알레그로 논 트로포, 그러니까 '빠르게 그러나 지나치지 않게'라고 지시하는 1악장의 첫 주제는 삶을 있는 그대로 받아들이며 마음을 가라앉히려는 듯 담담하게 펼쳐집니다. 3도의 간격을 두고 아래로 내려가는 선율은 마치 끝이 보이지 않는 깊고 어두운 바닥으로 서서히 떨어지는 느낌이지요. 두 번째 주제는 보다 서정적이면서 유연한 흐름을 들려주지만 그마저도 첼로와 호른의 어두운 음색이 드리우면서 무겁게 가라앉아 버립니다.

안단테 모데라토, 즉 '걷는 듯이 보통 빠르기로'라고 지시하는 2악장은 호른이 연주하는 독특한 선율로 시작합니다. 장조도 아니고 단조도 아닌 이 특이한 느낌의 선율은 중세의 교회음악에 쓰였던 프리지아 선법으로 만들었습니다. 브람스는 베토벤을 벗어나기 위해 베토벤이라면 결코 생각하지 않았을 옛날 음악에서 실마리를 찾으려고 했던 것입니다. 현악기들의 줄을 손가락으로 뜯어 연주하는 피치카토를 깔고 호른이 연주하던 선율은 클라리넷으로 이어지고, 마침내 현악기들이 합세하면서 엄숙한 느낌을 더해가게 됩니다.

음악은
인간의 마음속에 존재하는
위대한 가능성을
인간에게 보이는 것이라고 한다.

- 랠프 월도 에머슨

알레그로 지오코소, 즉 '빠르고 즐겁게'라는 지시어가 붙은 3악장은 '바쿠스의 축제'라고 불릴 만큼 활기차고 정열적인 악장입니다. 이전 교향곡에서 브람스는 3악장에 스케르초 형식을 쓰는 대신 간주곡과 같은 느린 악곡을 써넣었지만, 여기서는 교향곡의 전형을 따라 스케르초 형식을 3악장에 사용하고 있습니다. 피콜로와 트라이앵글 같은 악기들까지 끌어들여 앞선 두 악장의 차분한 느낌과는 완전히 다른 화려한 분위기를 연출하고 있지만, 1악장 처음에 등장했던 주제의 단편들을 섞어 넣음으로써 전혀 다르면서도 하나로 모이는 일체감을 만들어내고 있습니다.

마지막 4악장의 지시어는 알레그로 에네르지코 에 파쇼나토, 말하자면 '빠르고 힘차게 그리고 열정적으로'입니다. 여기서 브람스는 다시 과거로의 회귀를 시도하고 있습니다. 바로 베토벤과 더불어 브람스 음악의 또 다른 기둥이라 할 수 있는 바로크 시대 바흐의 음악으로 마지막을 장식하는 것입니다. 바흐의 〈무반주 바이올린을 위한 파르티타〉 중 2번의 샤콘느를 좋아했던 브람스는, 바흐의 칸타타 150번 〈주여 저는 당신을 바라나이다〉의 주제를 가지고 샤콘느를 작곡하려 했습니다. 샤콘느란 바로크 시대의 대표적인 기악 형식으로 짧은 주제가 낮은 음역에서 끊임없이 되풀이되는 동안, 높은 음역에서는 주제에서 비롯된 선율이 계속 변주되어 흐르는 음악입니다. 브람스는 그전까지는 뜻을 이루지 못하고 있다가 결국 마지막 교향곡의 마지막 악장에 이르러 꿈을 이루었던 것이지요. 이 악장에서는 샤콘느의 주제가 트롬본의 연주로 되풀이되는 동안 다양한 변주가 이어지다가 갈등과 대립이 점점 깊어지면서 어두운 종말을 맞이하게 됩니다.

〈교향곡 4번〉은 1885년 10월 25일에 마이닝겐에서 브람스 자신의 지휘로 초연되었습니다. 11년이 지난 1896년, 브람스는 1악장의 첫 부분에 "오 죽음이여, 오 죽음이여"라는 말을 새로 써넣었고 공교롭게도 바로 다음 해에 세상을 떠났습니다. 평생을 한결같이 사랑했지만 끝내 이루어질 수 없었던 마음의 연인 클라라의 죽음에 충격을 받았기 때문이었을까요? 아니면 곧이어 닥칠 자신의 죽음을 예견했던 것일까요? 앞서 우리가 본 것처럼 그는 이 곡을 작곡하면서 이미 죽음을 삶의 한 부분으로 받아들였을 것입니다. 그리고 정작 그가 목숨보다 사랑했던 여인의 마지막을 맞이하고 스스로의 죽음도 멀지 않았음을 느꼈을 때, 그는 무엇보다 이 곡이 가장 먼저 생각났던 것은 아니었을까요.

베토벤을 넘어 새로운 경지를 열기 위해 평생을 노력했던 브람스가 끝내 찾아낸 해답은, 이미 오래 전부터 그 자리에 있었지만 사람들의 생각이 미치지 못했던 과거 속에 있었습니다. 그렇게 시간을 거슬러 멀리 돌아가 보니 현재가 지나면 과거가 되는 것이었고 삶 또한 죽음과 다르지 않았던 것이지요. 그렇기에 그는 마치 오늘이 자신에게 주어진 마지막 날인 것처럼 매일 최선을 다해 살았을 것입니다. 지금 이 순간, 여러분은 무엇을 찾고 계십니까? 지나간 날들을 돌아볼 겨를도 없이 앞만 보고 달리고 계시지는 않은지요? 브람스의 〈교향곡 4번〉을 들으며 죽음으로 삶을 찾고 옛 것으로 새 것을 이루는 그런 삶을 떠올려보는 것은 어떨까요. 🎼

일상과 함께 숨 쉬는 예술,
다카라즈카

일본을 대표하는 무대예술 양식이라면 당장 가부키를 떠올리게 됩니다. 말하자면 일본식 오페라인 셈이지요. 일본식 오페라가 가부키라면 일본식 뮤지컬이라 불릴 만한 것이 있으니 바로 '다카라츠카'입니다. 가부키가 일본 안에서 자생적으로 만들어지고 가꾸어진 전통 예술인 반면, 다카라츠카는 서양의 뮤지컬을 가져와서 일본인의 정서에 맞게 정착시킨 무대예술입니다. 그리고 남성들만 출연하는 가부키와는 달리 다카라츠카 무대에는 여성들만 등장하지요.

다카라츠카는 원래 일본 효고현에 위치한 휴양도시의 이름입니다. 오사카의 우메다와 다카라츠카를 잇는 철도를 완성한 한큐전철은 온천이 있는 작은 마을 다카라츠카에 사람들을 끌어들이기 위해 기발한 관광 상품이 필요했습니다. 그래서 극장을 짓고 여성들만 출연하는 '뮤지컬 레뷔'를 무대에 올렸는데, 이것이 다카라츠카의 시작입니다. 이 공연을 위해 1914년에 결성된 '다카라츠카 창가대'는 곧바로 '다카라츠카 소녀가극단 양성회'가 되었고 1919년에 다카라츠카 음악학교를 설립하면서 다시 '다카라츠카 소녀가극단'으로 이름을 바꾸었습니다.

학교의 설립으로 보다 지속적이고 전문적인 체제를 갖추게 된 다카라츠카는 1924년 도쿄에 전용극장을 개관하면서 일본을 대표할 만한 무대예술로 자리 잡기 시작했고, 2년 뒤에는 전문 잡지 《다카라츠카 그라프》를 창간하며 그 열기를 더욱 확산해 나갔습니다. 이러한 추세에 힘입어 1928년에는 첫 유럽 공연을 감행했고 이듬해에는 미국 공연을 시도함으로써 해외 무대에서의 가능성도 적극적으로 모색하기에 이르렀지요. 1935년에는 '다카라츠카 가극단'으로 이름을 바꾼 뒤 오늘날까지 이어지고 있습니다. 다카라츠카 역시 시대의 변화에 재빠르게 적응하지 못해 고전을 면치 못한 적도 있었습니다. 하지만 〈베르사유의 장미〉나 〈바람과 함께 사라지다〉처럼 대중매체를 통해 널리 알려진 소재들을 무대에 올렸고, 그때마다 새로운 관심을 불러일으키며 여전히 일본에서 인기를 유지하고 있습니다.

지금까지 열거한 이 모든 일들이 15년이라는 결코 길지 않은 시간 안에 이루어졌다는 사실도 대단한데, 이 모두가 전적으로 한 개인의 의지와 추진력에 힘입어 가능했다는 것은 더욱 놀라운 일이 아닐 수 없습니다. 다카라츠카의 창시자이자 절대적인 후원자로 오늘날까지 그 이름이 기억되고 있는 고바야시 이치조는 다카라츠카를 홀로 구상하여 세상에 내놓았을 뿐만 아니라, 일본인들의 사랑을 받으며 지금까지 이어질 수 있도록 토대를 세운 사람입니다. 한큐전철의 창립자로 일본 정계에도 커다란 영향력을 미쳤던 그는 특히 문화에 대한 안목과 식견이 남달랐습니다. 덕분에 이전에 아무도 생각해내지 못한 다카라츠카를 기획하고 실행에 옮겼을 뿐만 아니라 이후에 마련된 거의 모든 제도적, 물질적 장치를 손수 마련할 수 있었지요. 그 결과 지금까지도 제작과 운영은 물론, 재정적 지원에 이르기까지 운영에 필요한 것들을 한큐그룹이 책임지고 있는 덕에 다카라츠카는 안정적인 기반을 확보하고 있습니다.

태평양 전쟁이 발발하자 한때 다카라츠카와 도쿄에 위치한 두 곳의 전용극장이 폐쇄되고 공연이 중단되기도 했지만, 전쟁이 끝난 후 다카라츠카 대극장은 다시 문을 열었습니다. 1955년에는 도쿄의 다카라츠카 극장에서도 공연이 재개되면서 예전의 명성과 인기를 회복했지요. 그로부터 2년 후 창시자 이치조가 세상을 떠나자 다카라츠카는 다시 해외 무대 진출을 다각적으로 모색하기 시작했고, 1967년에는 본고장의 뮤지컬을 그대로 가져와 다듬은 뒤 일본 무대에 올리기도 했습니다.

다카라츠카의 힘은 무엇보다도 그 전통에서 찾을 수 있습니다. 거의 한 세기를 이어온 역사 속에서 그들은 나름대로의 전통을 만들고 지켜왔습니다. 그 전통에는 시대의 변화가 녹아 있으며 그 속에는 분명 흔들리지 않는 중심이 존재하지요. 다카라츠카는 시대의 흐름을 좇아 다양한 소재들을 수용하면서도 늘 일본적인 무엇인가를 고집합니다. 서양의 뮤지컬을 모델로 삼아 시작되었지만 그렇다고 그것을 무작정 따라하지 않습니다. 그래서 본고장 뮤지컬은 50년이 지나야 그대로 무대에 올릴 수 있으며, 해외 공연에는 일본의 전통문화를 보여줄 수 있는 작품이 반드시 포함됩니다. 그러면서도 무턱대고 일본적인 것만을 고집하지 않고 서구적인 주제와 소재들을 폭넓게 받아들이면서 그것을 다시 일본인들의 정서에 맞게 고쳐나가고 있습니다. 예를 들어 다카라츠카를 관람하다 보면 탭 댄스에서부터 탱고에 이르기까지 다양한 춤을 볼 수 있는데, 브로드웨이 뮤지컬과는 다른 그들만의 독특한 체취가 스며 있어 서양 문물의 홍수 속에서도 오히려 열광적인 팬들을 만들어내고 있지요.

다카라츠카의 오늘이 있기까지 창시자 이치조의 공헌이 절대적이었지만, 그가 없는 지금의 다카라츠카를 지탱하고 있는 것은 열성팬들이라고 해도 과언이 아닙니다. 이들은 다카라츠카의 해외 공연까지 따라가서 열광적인 성원을 보내곤 하지요. 이처럼 다카라츠카는 전통과 새로움 중 어느 한 쪽도 버리지 않으면서도 대중성을 겸허히 받아들이며, 관객들은 이러한 다카라츠카를 그들 삶의 일부로 받아들이고 있는 것입니다.

다카라츠카의 정신은 그들이 내세우는 표어 그대로 "아름답게, 맑게, 정직하게"입니다. 그런 맥락에서 다카라츠카는 현실에서 찾기 힘든 완전한 사랑을 보여주는데 바로 이것이 여성 관객들에게 환상을 불러일으키곤 합니다. 여성들만 무대에 등장한다는 사실 때문에 남성 관객들이 많을 것으로 생각하지만 실은 소녀팬들이 다수를 차지하지요. 여성들이 연기하는 완벽한 남성상과 그들이 펼치는 헌신적인 사랑에 오히려 같은 여성들이 매료되는 것입니다. 그래서 다카라츠카 배우들은 무대를 떠나기 전에는 결혼을 할 수 없습니다. 결혼은 어디까지나 현실인 반면 다카라츠카가 보여주려는 것은 꿈과 환상이기 때문이지요. 결혼을 하면 배우 스스로도 현실의 문제로 인해 고민하게 되고, 그러면 상상 속에서나 가능한 낭만적인 이야기가 힘을 잃게 된다는 것입니다.

이치조는 자립적인 여성을 추구하며 다카라츠카 가극단을 만들었습니다. 단지 볼거리를 만들어 사람들을 끌어들이기 위한 수단으로 다카라츠카를 만든 것이 아니라 이상적인 인물을 만들고 이를 연기하는 과정을 통해, 한 여성을 진정한 생활인 그리고 예술인으로 거듭나게 한다는 것이 가장 근본적인 목적인 것입니다. 이런 맥락에서 단원들의 단체 생활은 무엇보다 중시되며 이를 통해 여성 공동체의 실현을 추구하고자 합니다. 공동체의 경험이 무대 위에서도 일체감을 만들어냄으로써 이를 보는 관객들 또한 깊이 공감하게 되는 것입니다.

다카라츠카의 이런 정신은 오랜 세월과 숱한 풍파를 겪으면서도 그대로 이어지고 있습니다. 다카라츠카를 거쳐간 많은 이들이 일본 사회 곳곳에서 '아름답고, 맑고, 정직한' 모습으로 살아가고 있기 때문이지요. 그들 가운데 일부는 국회에 들어가 의정 활동을 펼치고 있으며, 일부는 또 다른 방법으로 일본 사회를 건강하게 이끌어가기 위해 노력하고 있습니다. 한 사람의 남다른 생각이 이처럼 오래도록 여러 사람들의 가슴 속에 살아 계승되는 경우를 찾기란 그리 쉽지 않은 일입니다. 게다가 책 속에 혹은 제도에 갇혀 누군가가 꺼내주기를 기다리는 그런 모습이 아니라, 날마다 사람들과 함께 삶에서 나타나고 있기에 더욱 뭉클하고 신비롭기까지 합니다. 돈으로도 살 수 없는 예술의 생명, 예술의 힘이란 바로 이런 것이라고 다카라츠카는 오늘도 우리에게 말해주고 있습니다.

작곡가 이흥렬과 〈진짜 사나이〉

대한민국의 건장한 남자라면 누구나 감당해야 하는 국방의 의무, 이 신성한 의무를 마치고 난 사람들은 누구나 잊을 수 없는 자신만의 추억을 평생 간직하며 살아갑니다. 그리고 때로는 그것이 무슨 훈장이나 되는 것처럼 꺼내놓고 자랑하지 못해 안달하기도 하지요. 물론 있는 그대로를 내놓을 리가 없습니다. 저마다 조금씩 다듬기도 하고 부풀리기도 합니다. 어느 지역에서 군 복무를 했었는지, 어떤 보직을 맡았었는지에 따라 떠벌리는 이야기는 제각각이지만 모두 공통적으로 해당되는 것이 있습니다. 바로 목이 터져라 부르고 또 불렀던 군가입니다. 다양한 군가들 가운데 가장 대표적인 것이 바로 〈진짜 사나이〉입니다. 이제는 텔레비전의 어느 예능 프로그램 덕분에 군대를 가려면 한참이나 기다려야 하는 청소년들은 물론, 병역과는 상관없는 여자들까지도 아는 노래가 되었지요.

그런데 이 노래를 작곡한 사람은 누구일까요? 바로 일제 강점기를 지나 해방 이후까지 우리 음악계를 이끌었던 작곡가 이흥렬 선생입니다. 언제 불러도 정겹고 아름다운 노래 〈섬집 아기〉를 작곡했고, 그밖에도 〈꽃구름 속에〉와 〈바우고개〉를 비롯해 많은 가곡들을 남긴 그야말로 국민 작곡가이지요. 때문에 음악을 좀 안다는 사람이라면 이흥렬을 모를 리가 없고 그의 대표곡들도 잘 알고 있는데, 이상하게도 그가 〈진짜 사나이〉를 작곡했다는 사실을 아는 사람은 거의 없습니다. 또한 알고 있다 해도 〈섬집 아기〉와 〈진짜 사나이〉가 동일한 사람의 머리와 가슴에서 나왔다는 사실이 믿기 어려울 수도 있을 것입니다.

여담이지만 이흥렬 선생과 관련하여 흥미로운 사실이 하나 있습니다. 선생이 이 땅에 오신 날이 7월 17일이고 떠나신 날이 11월 17일인데, 자녀들이 모두 17일에 태어났다는 것입니다. 더욱 흥미로운 것은 17이라는 숫자와의 별난 인연이 자녀들대에 이르러서는 더욱 엉뚱하게 나타나고 있다는 사실입니다. 작곡가로서 선생 못지않은 업적을 쌓아가고 있는 차남 이영조는 슬하에 남매를 두었고 그들의 생일은 17이라는 숫자와는 전혀 무관하다고 합니다. 그런데 각자가 결혼하여 집안에 들인 배우자의 생일이 모두 17일이라는 것입니다. 참 재미난 우연이 아닐 수 없습니다.

말이 나온 김에 선생의 집안과 그 내력을 들여다보면서 가장 우러러보게 되는 것은 3대에 걸쳐 작곡이라는 가업을 굳건하게 이어가고 있다는 사실입니다. 그의 두 아들 이영조와 이영수는 이미 작곡가로서 우리 음악계를 이끌어가고 있으며, 이영조의 아들 이철주가 또 그 뒤를 따르고 있습니다. 우리나라에서 분야를 막론하고 3대에 걸쳐 한 길을 걷고 있는 집안도 무척 드물지만, 특별히 작곡가라는 업을 3대까지 이어가고 있는 예로는 선생의 집안이 유일한 경우가 아닌가 싶습니다. "아브라함이 이삭을 낳고 이삭이 야곱을 낳고"로 시작하는 신약성서 마태복음 1장은 언제 읽어도 가슴이 뭉클합니다. 얼핏 보기에는 아브라함에서 시작해 예수까지 이어지는 한 집안의 족보를 그저 나열한 것에 불과하지만, 그 속에는 이렇듯 단절 없이 대를 이어가며 완성해간 나름의 역사가 숨어 있는 셈이고 그 우여곡절이야말로 기적이고 희망이며 또한 보람이자 긍지인 것입니다.

무엇인가를 지키고 이어간다는 것은 분명 중요한 일이지만, 그만큼 어렵고 힘든 일이기도 합니다. 중요하다면 해야 하는 것이 마땅하겠지만 힘든 일이라면 피하고 보자는 것이 우리네 심사이니 말입니다. 그것이 어떤 물질적인 이득을 가져다주는 일이라면 몰라도 그렇지 않은 다음에는 아무도 나서려고 하지 않는 것이 지금의 세태입니다. 또한 뜻하는 바가 있어 아비가 자신의 업을 물려주려 해도 아들이 이를 따르지 않고, 혹시 아들이 아비의 뜻을 받들려고 해도 어미가 이를 가만두지 않습니다. 이렇다 보니 전통이란 것을 세울 수가 없고 신뢰라는 것을 찾을 수가 없는 것이지요. 무릇 모든 것이 가정에서 비롯되는 만큼, 가정에서 찾을 수 없는 것이 사회에서 보일 리 없습니다. 세대가 지날수록 우리 사회가 첨

예한 갈등과 대립에서 벗어나지 못하는 것도, 따지고 보면 서로에 대한 신뢰가 없으며 이를 뒷받침할 만한 전통이 없기 때문은 아닌지 모르겠습니다.

무대에서 살겠다던 여식으로 인해 고민을 거듭했던 날들이 있었습니다. 그러고 보니 성악가이셨던 엄친께서도 노래를 하겠다는 저를 말리신 적이 있었지요. 그래서 저 또한 전혀 다른 길을 걷을 줄 알았으나 결국은 음악과 그 주변을 벗어나지 못하고 있습니다. 이렇듯 남의 일 같지 않은 사연이 있기에 망설임 없이 대를 이어가는 집안의 역사가 예사롭게 보이지 않습니다. 하물며 그것이 한 세대를 넘고 또 한 세대를 향해 가는 대물림이라면 축복과 기적 없이는 불가능하다고 생각합니다.

지난 2009년은 이흥렬 선생이 이 땅에 오신 지 꼭 100년이 되는 해였습니다. 2009년이 시작될 당시 여기저기 가는 곳마다 하이든의 서거 200주년이라며 난리들이었고, 멘델스존이 태어난 지 200년이 되었다며 법석들이었지요. 헨델이 세상을 떠난 지 250년이 되었다는 것 또한 그냥은 지나치기 힘든 모양이었습니다. 그런데 정작 이 땅에서 태어나 우리 곁에서 살다 간 이흥렬 선생의 탄생 100주년이 바로 그해라는 사실을 기억했던 이들은 얼마나 되는지 모르겠습니다. 선생은 이미 우리 곁을 떠나셨지만 그 아들이 또 그 손자가 선생의 뒤를 따르고 있습니다. 바라건대 그 아들의 아들, 손자의 손자까지도 선생의 뒤를 이어갔으면 합니다.

그래서 또 다른 100년이 지나고 그로부터 다시 200년이 더 지났을 즈음에 우리에게 자랑스러운 그 집안의 누군가가 탄생 200주년이라고, 혹은 서거 200주년이라고 다같이 기념하며 그 뜻과 정신을 기리는 날이 오면 좋겠습니다.

CON BRAVURA

Allegro 빠르고 즐겁게

Grazioso 우아하고 부드럽게

비애에 젖어 Lamentoso

Con bravura 대담하고 활기차게